100으로 따라하는
일본어 문형 통달하기

김 정 미 저

100으로 따라하는
일본어 문형 통달하기

머리말

본서는 초급과정을 마치고 중급과정으로 들어가는 학습자가 기초적인 문법의 토대 위에 다양한 표현을 연습할 수 있도록 구성하였습니다. 총 100개의 문형을 중심으로 초반부의「です・ます」의 기본적인 표현을 시작으로 후반부에는 한국인 학습자의 오용 사례가 지적된 표현까지 충분히 연습할 수 있도록 정리하였습니다.

본서에서 말하는「문형」이란 단순한 패턴의 의미보다는 일본어학습에 부여되는 문법적인 지식, 조사의 기능, 용언의 활용형 등 다양한 유형의 응용이라고 할 수 있습니다. 따라서 본서의 학습을 통해 다양한 유형의 표현을 학습할 수 있음은 물론이고, 어렵고 복잡하게 느껴졌던 문법을 표현문장 속에서 자연스럽게 학습할 수 있을 것입니다.

흔히 한국인에게 있어 일본어는 가장 배우기 쉬운 외국어라고 합니다. 명사→목적어→동사 등으로 서술되는 어순이 같고, 漢字를 사용하며, 긍정문으로도 의문의 의미를 전달할 수 있으며, 주어 생략이 가능한 점도 들 수 있습니다. 하지만 이런 유사점 때문에 오히려 혼동을 하는 경우도 생깁니다. 영어의 경우처럼 처음부터 한국어와는 완전히 별개의 언어라는 생각을 하고 시작하는 경우와는 달리, 유사하기 때문에 생기는 오용의 사례가 적지 않기 때문입니다.

본서에서는 100개의 문형 중심의 학습은 물론, 한 과에서 표현되는 명사 동사, ィ형용사, ナ형용사, 조사, 부사의 다양한 표현과 관련어구의 응용을 통해 보다 효과적인 일본어 학습이 가능하도록 구성하였습니다. 부디 본서를 통해 일본어의 체계적인 학습이 이루어졌으면 하는 마음 간절합니다.

2013년 새해 저자 김정미

목 차

Unit 001	명사＋です	9
Unit 002	명사＋ではありません	12
Unit 003	형용사＋です	15
Unit 004	형용사＋くありません	18
Unit 005	형용사＋かったです	21
Unit 006	ナ형용사＋です	24
Unit 007	ナ형용사＋ではありません	27
Unit 008	명사＋で、명사＋で	30
Unit 009	동사＋て	33
Unit 010	～ですが	36
Unit 011	～は～が	39
Unit 012	～では～が	42
Unit 013	형용사くて	45
Unit 014	ナ형용사で	48
Unit 015	ナ형용사で＋ナ형용사＋명사	51
Unit 016	형용사くて＋ナ형용사で, ナ형용사で＋형용사くて	54
Unit 017	동사＋てもいい	57
Unit 018	명사＋で(は)なくてもいい	60
Unit 019	동사＋なくてもいい	63
Unit 020	형용사＋なくてもいい	66
Unit 021	ナ형용사＋なくてもいい	69
Unit 022	～ではいけない	72
Unit 023	동사＋て (계속)	75
Unit 024	명사＋で	78
Unit 025	동사＋ないで(～ずに)	81
Unit 026	동사＋なくて	84
Unit 027	～から～まで	87

목 차

Unit 028	~から~までの+체언	90
Unit 029	~ている(진행)	93
Unit 030	~ている(상태)	96
Unit 031	~ている(반복)	99
Unit 032	~は+ナ형용사で+~は+ナ형용사です	102
Unit 033	형용사+くなる	105
Unit 034	ナ형용사+になる	108
Unit 035	동사+てから	111
Unit 036	완료형 질문, 미완료형 대답	114
Unit 037	명사+からの+명사	117
Unit 038	명사+までの+명사	120
Unit 039	~やすい	123
Unit 040	~にくい	126
Unit 041	명사+だから	129
Unit 042	동사+から	132
Unit 043	형용사+から	135
Unit 044	ナ형용사+から	138
Unit 045	명사+なので	141
Unit 046	동사+ので	144
Unit 047	형용사+ので	147
Unit 048	ナ형용사+なので	150
Unit 049	동사과거형+とき(は)	153
Unit 050	동사종지형+まえに	156
Unit 051	동사과거형+あと(で)	159
Unit 052	~たり+~たりする(1)	162
Unit 053	~たり+~たりする(2)	165

목 차

Unit 054	동사+すぎる	168
Unit 055	형용사+すぎる	171
Unit 056	ナ형용사+すぎる	174
Unit 057	～でしょう	177
Unit 058	명사+かもしれない	180
Unit 059	동사+かもしれない	183
Unit 060	형용사+かもしれない	186
Unit 061	ナ형용사+かもしれない	189
Unit 062	동사+こと	192
Unit 063	동사+ないでください	195
Unit 064	동사+まで(に)+ください	198
Unit 065	동사+まで+ないでください	201
Unit 066	동사+ていく	204
Unit 067	동사+てくる	207
Unit 068	명사で+명사	210
Unit 069	연체수식구	213
Unit 070	それは～からだ	216
Unit 071	명사なのは+ことだ	219
Unit 072	동사+のは+ことだ	222
Unit 073	형용사+のは+ことだ	225
Unit 074	ナ형용사+のは+ことだ	228
Unit 075	동사+てみる	231
Unit 076	동사+てしまう(동작완료)	234
Unit 077	동사+てしまう(유감)	237
Unit 078	～とおもっている	240
Unit 079	동사+つもりだ	243

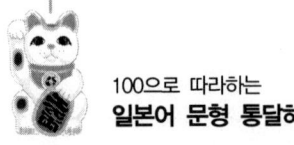

목 차

Unit 080	동사+ないつもりだ	246
Unit 081	동사+つもりはない	249
Unit 082	명사+のはずだ	252
Unit 083	동사+はずだ	255
Unit 084	형용사+はずだ	258
Unit 085	ナ형용사+はずだ	261
Unit 086	의문의 말 ～か	264
Unit 087	명사+かどうか	267
Unit 088	동사+かどうか	270
Unit 089	형용사+かどうか	273
Unit 090	ナ형용사+かどうか	276
Unit 091	명사+という	279
Unit 092	동사+という	282
Unit 093	형용사+という	285
Unit 094	ナ형용사+という	288
Unit 095	명사+でなくてはいけない	291
Unit 096	동사+なくてはいけない	294
Unit 097	형용사+なくてはいけない	297
Unit 098	ナ형용사+なくてはいけない	300
Unit 099	명사+より、～명사+ほうがいい	303
Unit 100	동사+たほうがいい	306

부 록 ························ 309

100으로 따라하는
일본어 문형 통달하기

私は大学生です。

① 私は大学生です。

나는 대학생입니다

② 妹は高校生です。

여동생은 고교생입니다.

③ 韓国は狭い国です。

한국은 좁은 나라입니다.

④ ここはソウル駅です。

여기는 서울역입니다.

⑤ 友だちは会社員です。

친구는 회사원입니다.

⑥ 釜山は韓国の第二の都市です。

부산은 한국 제 2의 도시입니다.

문형설명

1) 「~は~です」는 「~는~입니다」의 의미로 긍정서술문이다.

2) 「です」는 명사・イ형용사・ナ형용사에 붙는다.

    <ruby>学生<rt>がくせい</rt></ruby>です。 （명사）   학생입니다.

    <ruby>安<rt>やす</rt></ruby>いです。 （イ형용사） 쌉니다.

    <ruby>同<rt>おな</rt></ruby>じです。 （ナ형용사） 같습니다.

관련어휘

1) 教育機関(교육기관)

- □ 幼稚園(幼稚園生) 유치원
- □ 小学校(小学生) 초등학교
- □ 中学校(中学生) 중학교
- □ 高校(高校生) 고등학교
- □ 大学(大学生) 대학교
- □ 大学院(大学院生) 대학원

2) 家族(가족)

- □ 兄 형・오빠
- □ 姉 누나・언니
- □ 弟 남동생
- □ 妹 여동생

문형연습

다음 문장을 일본어로 바꾸시오.

1 이것은 일본어 책입니다.

2 오늘은 화요일입니다.

3 할아버지는 사장입니다.

4 아버지는 일본인입니다.

5 김씨는 중학교 선생님입니다.

6 여기는 도쿄입니다.

단어힌트

이것	これ	일본어 책	日本語の本
화요일	火曜日	할아버지	おじいさん
사장	社長	아버지	お父さん
선생님	先生		

Unit 002

私は学生ではありません。

■ 100으로 따라하는 **일본어 문형 통달하기**

❶ 私は学生ではありません。
  나는 학생이 아닙니다.

❷ これは机ではありません。
  이것은 책상이 아닙니다.

❸ あそこは部屋ではありません。
  저기는 방이 아닙니다.

❹ お父さんは先生ではありません。
  아버지는 선생님이 아닙니다.

❺ ここは花屋ではありません。
  여기는 꽃집이 아닙니다.

❻ これは日本語の本ではありません。
  이것은 일본어 책이 아닙니다.

1) 「~は~ではありません」은 「~는~가 아닙니다.」의 의미로 부정서술문을 나타낸다.

2) 「~ではありません」은 「~じゃありません」과 의미는 같다.

3) 「학생이 아닙니다」는 「学生ではありません」 (○)
   「学生がありません」 (X)

① 指示語 (지시어)

- これ 이것
- それ 그것
- あれ 저것
- どれ 어느 것
- ここ 여기
- そこ 거기
- あそこ 저기
- どこ 어디

② ~屋 (가게)

- くつ屋 구두점
- 花屋 꽃가게
- タバコ屋 담배 가게
- 本屋 책방
- パン屋 빵집
- 八百屋 야채 가게

다음 문장을 일본어로 바꾸시오.

1 나는 미국인이 아닙니다.
✏️ _____

2 김씨는 의사가 아닙니다.
✏️ _____

3 이 꽃은 장미가 아닙니다.
✏️ _____

4 여기는 병원이 아닙니다.
✏️ _____

5 여동생은 대학생이 아닙니다.
✏️ _____

6 지미씨는 독일인이 아닙니다.
✏️ _____

단어힌트

미국인	アメリカ人	미국	アメリカ・米国
의사	医者	장미	ばら
병원	病院	독일인	ドイツ人

Unit 003

63ビルはとても高いです。

① 63ビルはとても高いです。
63빌딩은 굉장히 높습니다.

② この果物は甘いです。
이 과일은 답니다.

③ 今度の試験は難しいです。
이번 시험은 어렵습니다.

④ 韓国の映画はおもしろいです。
한국 영화는 재미있습니다.

⑤ 地下鉄は速いです。
지하철은 빠릅니다.

⑥ 魚料理はおいしいです。
생선요리는 맛있습니다.

 **문형설명**

1) 「~は~です」는 イ형용사의 긍정서술문

2) 현재형의 경우   기본형 + です → 広いです。   넓습니다.

   과거형 + です → 広かったです。   넓었습니다.

   広いでした (X)

 **관련어휘**

① 対照語(대조어)

☐ 安い ↔ 高い   やさしい ↔ 難しい   狭い ↔ 広い
  싸다 비싸다   쉽다   어렵다   좁다   넓다

☐ おもしろい ↔ つまらない   早い ↔ 遅い
  재미있다   시시하다   빠르다 늦다

② 料理(요리)

☐ 肉料理 육류요리   ☐ 魚料理 생선요리

☐ 野菜料理 야채요리   ☐ 精進料理 채식요리

 **문형연습**
다음 문장을 일본어로 바꾸시오.

1 미국은 넓습니다.

_____

2 학교 운동장은 좁습니다.

_____

3 일본의 여름은 덥습니다.

_____

4 이 맥주는 찹니다.

_____

5 내 연필은 짧습니다.

_____

6 한국 김치는 맵습니다.

_____

단어힌트

운동장	運動場(うんどうじょう)	여름	夏(なつ)
연필	鉛筆(えんぴつ)	짧다	短(みじか)い
덥다	暑(あつ)い (무덥다 むし暑(あつ)い)	차다	冷(つめ)たい

Unit 004

このかばんは重くありません。

❶ このかばんは重くありません。

이 가방은 무겁지 않습니다.

❷ 頭は痛くありません。

머리는 아프지 않습니다.

❸ 教室は明るくありません。

교실은 밝지 않습니다.

❹ ロッテホテルはここから遠くありません。

롯데 호텔은 여기에서 멀지 않습니다.

❺ ソウルの道路は広くありません。

서울의 도로는 넓지 않습니다.

❻ 日本語の勉強はやさしくありません。

일본어 공부는 쉽지 않습니다.

문형설명

1) 「~は~くありません」은 「~은(는)~하지 않습니다」라는 의미로 イ형용사의 부정서술문이다.

2) イ형용사의 부정문 만들기
   イ형용사의 어미 「い」 → 「く」로 바꾸고 「ありません」을 붙인다.
   重い → 重くありません。　　무겁지 않습니다.
   遠い → 遠くありません。　　멀지 않습니다.
   広い → 広くありません。　　넓지 않습니다.

관련어휘

① 身体(신체)

- □ 頭 머리　□ 目 눈　□ 口 입　□ 耳 귀
- □ 手 손　□ 腰 허리　□ 足 발　□ 腕 팔
- □ 顔 얼굴　□ 手の指 손가락　□ 足の指 발가락　□ 胸 가슴

② 外国語(외국어)

- □ 日本語 일본어　□ 中国語 중국어　□ 英語 영어
- □ ドイツ語 독일어　□ フランス語 불어　□ ロシア語 러시아어

다음 문장을 일본어로 바꾸시오.

1 서울의 남산은 높지 않습니다.

✎ _____

2 영어사전은 싸지 않습니다.

✎ _____

3 이 강은 깊지 않습니다.

✎ _____

4 할머니 건강은 좋지 않습니다.

✎ _____

5 자전거는 빠르지 않습니다.

✎ _____

6 오늘은 덥지 않습니다.

✎ _____

단어힌트

서울	ソウル	높다	高(たか)い ("비싸다"는 뜻도 있음)
사전	辞典(じてん)・辞書(じしょ)	강	川(かわ)
깊다	深(ふか)い	할머니	おばあさん
건강	健康(けんこう)	좋다	よい・いい
자전거	自転車(じてんしゃ)	(속도가)빠르다	速(はや)い

Unit 005

去年の冬はとても寒かったです。

① 去年の冬はとても寒かったです。

작년 겨울은 굉장히 추웠습니다.

② 昨日のテストは難しかったです。

어제 시험은 어려웠습니다.

③ 修学旅行は楽しかったです。

수학여행은 즐거웠습니다.

④ かぜで頭が痛かったです。

감기로 머리가 아팠습니다.

⑤ 英語の試験は易しかったです。

영어시험은 쉬웠습니다.

⑥ 若い時は顔も美しかったです。

젊을 때는 얼굴도 예뻤습니다.

문형설명

1) 「イ형용사 + かったです」는 「~었습니다」의 의미로 어미 「い」를 「かった」로 바꾸고 「です」를 접속한다.

2) イ형용사의 과거형 활용을 「でした」로 혼동하고 있는 경우가 많으므로 주의를 요한다.

넓었습니다.	広いでした (X)	広かったです (O)
쉬웠습니다.	易しいでした (X)	易しかったです (O)
아팠습니다.	痛いでした (X)	痛かったです (O)
많았습니다.	多いでした (X)	多かったです (O)

다음 문장을 일본어로 바꾸시오.

1 백화점의 야채는 비쌌습니다.

2 택시보다 전차가 빨랐습니다.

3 실내보다 바깥이 따뜻했습니다.

4 알프스의 설경은 멋졌습니다.

5 여동생은 얼굴도 귀여웠습니다.

6 중학교 때는 성적도 좋았습니다.

단어힌트

백화점	デパート	택시	タクシー
전차	電車(でんしゃ)	(속도가)빠르다	速(はや)い
실내	室内(しつない)	바깥	外(そと)
따뜻하다	暖(あたた)かい	알프스	アルプス
설경	雪景色(ゆきげしき)	멋지다	素晴(すば)らしい
귀엽다	かわいい	성적	成績(せいせき)

Unit 006

この野菜は新鮮です。

■ 100으로 따라하는 **일본어 문형 통달하기**

❶ この野菜は新鮮です。
이 야채는 신선합니다.

❷ 子供は無事です。
어린이는 무사합니다.

❸ 朴さんは真面目です。
박씨는 성실합니다.

❹ 金さんの誕生日は私と同じです。
김씨의 생일은 나와 같습니다.

❺ 彼の病気はもう大丈夫です。
그의 병은 이제 괜찮습니다.

❻ おばあさんは足が不自由です。
할머니는 다리가 불편합니다.

문형설명

1) 「~は ~ナ형용사 です」는 「~은 ~입니다」라는 의미로 ナ형용사의 긍정서술문이다.

2) 「ナ형용사」는 「형용동사」라고도 하는데, 기본형 어미가 「だ」로 끝난다.

3) 「~입니다」의 서술형은 어미 「だ」→「です」로 고치면 된다.

   きれい<u>だ</u> → きれい<u>です</u>　　예쁩니다

   親切<u>だ</u> → 親切<u>です</u>　　친절합니다

   上手<u>だ</u> → 上手<u>です</u>　　능숙합니다

관련어휘

① 誕生日(생일)

　□ 誕生日(○)　　　　　□ 생신 お誕生日(○)
　　生日　(X)　　　　　　　生辰　(X)

① 家族(가족)

　□ 할머니　おばあさん　　□ 아주머니　おばさん
　□ 할아버지　おじいさん　□ 아저씨　おじさん
　□ 아버지　お父さん　　　□ 어머니　お母さん

Q 문형연습
다음 문장을 일본어로 바꾸시오.

1 일본인은 친절합니다.

✎ _____

2 선생님의 작품은 훌륭합니다.

✎ _____

3 내 여동생은 예쁩니다.

✎ _____

4 이 공원은 조용합니다.

✎ _____

5 빨간 구두는 화려합니다.

✎ _____

6 여동생은 외국어가 능숙합니다.

✎ _____

단어힌트

일본인	日本人(にほんじん)	훌륭하다	立派(りっぱ)だ
공원	公園(こうえん)	조용하다	静(しず)かだ
빨갛다	赤(あか)い	구두	靴(くつ)
화려하다	派手(はで)だ		

Unit 007

上田さんはあまり元気ではありません。

❶ 上田さんはあまり元気ではありません。
우에다씨는 그다지 건강하지 않습니다.

❷ 公務員はあまり親切ではありません。
공무원은 별로 친절하지 않습니다.

❸ この機械は便利ではありません。
이 기계는 편리하지 않습니다.

❹ 歌は上手ではありません。
노래는 능숙하지 않습니다.

❺ この町は静かではありません。
이 마을은 조용하지 않습니다.

❻ 田中さんの韓国語は上手ではありません。
다나카씨의 한국어는 능숙하지 않습니다.

문형설명

1) 「～は ～ではありません」(ナ형용사)는 「～는 ～하지 않습니다」라는 의미로 부정서술문이다.

2) ナ형용사의 부정문은 어미 「～だ」 → 「～ではありません」으로 고친다.

3) 「～입니다」는 어미 「だ」 → 「です」를 붙인다.

元気だ → 元気ではありません　　건강하지 않습니다
上手だ → 上手ではありません　　능숙하지 않습니다
きれいだ → きれいではありません　예쁘지 않습니다

관련어휘

① 「あまり」는 「그다지, 별로」라는 의미로 뒤에 부정문이 온다.

☐ あまり食べません。　　별로 먹지 습니다.

☐ あまり読みません。　　별로 읽지 않습니다

☐ あまり行きません。　　별로 가지 않습니다.

☐ あまり勉強しません。　별로 공부하지 않습니다.

② 「마을」은 「町」「村」 등이 있는데 「村」는 촌락의 의미가 강하고, 「町」는 일반적인 동네를 의미한다.

다음 문장을 일본어로 바꾸시오.

1 김군은 건강하지 않습니다.

✎ _____

2 러시아는 평화롭지 않습니다.

✎ _____

3 교통은 불편하지 않습니다.

✎ _____

4 그는 솔직하지 않습니다.

✎ _____

5 이 거리는 번화하지 않습니다.

✎ _____

6 이군은 성실하지 않습니다.

✎ _____

단어힌트

건강하다	元気(げんき)だ	러시아	ロシア
평화롭다	平和(へいわ)だ	교통	交通(こうつう)
불편하다	不便(ふべん)だ	그	彼(かれ)
솔직하다	率直(そっちょく)だ (素直(すなお)だ、正直(しょうじき)だ)	번화하다	賑(にぎ)やかだ
거리	街(まち)		

Unit 008

これは鉛筆で、あれはボールペンです。

■ 100으로 따라하는 **일본어 문형 통달하기**

❶ これは鉛筆で、あれはボールペンです。
이것은 연필이고, 저것은 볼펜입니다.

❷ こちらはトイレで、あちらは台所です。
이쪽은 화장실이고, 저쪽은 부엌입니다.

❸ これは新聞で、あれは雑誌です。
이것은 신문이고, 저것은 잡지입니다.

❹ 上田さんは部長で、中村さんは課長です。
우에다씨는 부장이고, 나카무라씨는 과장입니다.

❺ 今日は李さんの誕生日で、明日は金さんの誕生日です。
오늘은 이씨의 생일이고, 내일은 김씨의 생일입니다.

❻ 今日の朝ご飯はパンで、昼ご飯はラーメンです。
오늘 아침은 빵이고, 점심은 라면입니다.

 **문형설명**

1) 「～は ～で, ～は ～です」는 「～는 ～이고, ～는 ～입니다」의 병렬문이다.

2) 명사에 「で」가 붙으면 「～이고」「～고」의 뜻이 된다.

   人<u>で</u> → 사람이고   ノート<u>で</u> → 노트고

   木<u>で</u> → 나무고   本<u>で</u> → 책이고

 **관련어휘**

① 肩書(직급)

- ☐ 平社員 평사원
- ☐ 係長 계장
- ☐ 課長 과장
- ☐ 部長 부장
- ☐ 専務 전무
- ☐ 社長 사장
- ☐ 会長 회장

② 食事(식사)

- ☐ 조식 朝食・朝ごはん
- ☐ 중식 昼食・昼ごはん
- ☐ 석식 夕食・晩ごはん・夕ごはん
- ☐ 야식 夜食
- ☐ 간식 間食・おやつ

 **문형연습**

다음 문장을 일본어로 바꾸시오.

1 나는 회사원이고, 남동생은 은행원입니다.

✎ _____

2 여기는 시청이고, 저기는 도서관입니다.

✎ _____

3 김군은 한국인이고, 이군은 중국인입니다.

✎ _____

4 이것은 카메라이고, 저것은 전화입니다.

✎ _____

5 오늘은 토요일이고, 내일은 일요일입니다.

✎ _____

6 월요일은 13일이고, 화요일은 14일입니다.

✎ _____

단어힌트

회사원	会社員(かいしゃいん)	은행원	銀行員(ぎんこういん)(銀行(ぎんこう)マン)
시청	市役所(しやくしょ)	도서관	図書館(としょかん)
카메라	カメラ	전화	電話(でんわ)
토요일	土曜日(どようび)	일요일	日曜日(にちようび)
오늘	今日(きょう)	내일	明日(あした)

Unit 009

弟はテレビを見て、妹は本を読みます。

① 弟はテレビを見て、妹は本を読みます。
남동생은 TV을 보고, 여동생은 책을 읽습니다.

② 木村さんは散歩をして、岡部さんは運動をします。
기무라씨는 산책을 하고, 오카베씨는 운동을 합니다.

③ 私は野菜を洗って、母は料理をします。
나는 야채를 씻고, 엄마는 요리를 합니다.

④ 金さんはお酒を飲んで、李さんはジュースを飲みます。
김씨는 술을 마시고, 이씨는 쥬스를 마십니다.

⑤ 東京では地下鉄に乗って、大阪ではバスに乗ります。
동경에서는 지하철을 타고, 오사카에서는 버스를 탑니다.

⑥ 田中さんはテニスをして、朴さんは野球をします。
다나카씨는 테니스를 치고, 박씨는 야구를 합니다.

1) 「~は ~を~ て、~は~ をします」는 전반부와 후반부가 서로 대비되는 의미의 문장이다.
2) 동사의 「て」형과 「ます」의 활용이 포인트이다.
3) 「て」형 활용

読む → 読んで 읽고, 읽어서　　呼ぶ → 呼んで 부르고, 불러서
死ぬ → 死んで 죽고, 죽어서　　言う → 言って 말하고, 말해서
打つ → 打って 치고, 쳐서　　　乗る → 乗って 타고, 타서
書く → 書いて 쓰고, 써서　　*行く → 行って 가고, 가서
話す → 話して 말하고, 말해서 *する → して 하고, 해서
*来る → 来て 오고, 와서

① 飲み物 (마실 것)

- お酒　술
- コーヒー　커피
- コーラ　콜라
- ミルク　우유
- ジュース　쥬스
- ビール　맥주
- お茶　차
- 紅茶　홍차

 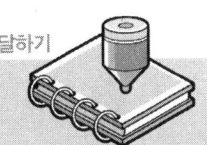

문형연습
다음 문장을 일본어로 바꾸시오.

1. 하나코씨는 빵을 먹고, 나는 라면을 먹습니다.

   ✎ _____

2. 다나카씨는 한국어를 공부하고, 김씨는 일본어를 공부합니다.

   ✎ _____

3. 그는 노래를 부르고, 나는 라디오를 듣습니다.

   ✎ _____

4. 여동생은 과자를 사고, 남동생은 장난감을 삽니다.

   ✎ _____

5. 아저씨는 신문을 읽고, 아주머니는 잡지를 읽습니다.

   ✎ _____

6. 내일은 히로시마에 가고, 모레는 오사카에 갑니다.

   ✎ _____

단어힌트

라면	ラーメン	라디오	ラジオ
과자	お菓子(かし)	장난감	おもちゃ
신문	新聞(しんぶん)	잡지	雑誌(ざっし)
내일	明日(あした)	모레	あさって

Unit 010

日本語はやさしいですが、英語は難しいです。

① 日本語はやさしいですが、英語は難しいです。
일본어는 쉽지만, 영어는 어렵습니다.

② ここから学校は近いですが、病院は遠いです。
여기에서 학교는 가깝지만, 병원은 멉니다.

③ バナナは安いですが、ももは高いです。
바나나는 싸지만, 복숭아는 비쌉니다.

④ 父は本が好きですが、テレビは嫌いです。
아버지는 책을 좋아하지만, TV는 싫어합니다.

⑤ 中村さんはパンを食べますが、田村さんはご飯を食べます。
나카무라씨는 빵을 먹지만, 다무라씨는 밥을 먹습니다.

⑥ おじいさんは歌が上手ですが、お父さんは下手です。
할아버지는 노래를 잘 하지만, 아버지는 서툽니다.

 **문형설명**

1) 「~は ~が, ~は」는 전반부와 후반부가 서로 대비되는 의미의 문장이다.

2) 「~ですが」는 「~지만」의 뜻이다.

 **관련어휘**

① 「高い」의 다양한 의미

- 山が高い。 산이 높다
- 物価が高い。 물가가 비싸다
- 鼻が高い。 콧대가 세다
- 声が高い。 목소리가 크다
- 背が高い。 키가 크다

② くだもの (과일)

- りんご 사과
- ぶどう 포도
- すいか 수박
- なし 배
- すもも 자두
- みかん 귤
- 桃 복숭아
- メロン 메론

문형연습
다음 문장을 일본어로 바꾸시오.

1 설탕은 달지만, 소금은 짭니다.
✎ _____

2 나는 영어는 합니다만, 일본어는 못합니다.
✎ _____

3 매일 책은 읽습니다만, 신문은 읽지 않습니다.
✎ _____

4 아버지는 영화는 자주 봅니다만, TV는 전혀 보지 않습니다.
✎ _____

5 할아버지는 야채는 좋아합니다만, 고기는 그다지 좋아하지 않습니다.
✎ _____

6 영화는 재미있습니다만, 드라마는 시시합니다.
✎ _____

단어힌트

설탕	砂糖(さとう)	소금	塩(しお)
만화	漫画(まんが)	영화	映画(えいが)
드라마	ドラマ	시시하다	つまらない
짜다	塩辛い(しょっぱい)	못하다	できない

Unit 011

山へはよく行きますが、
海へはあまり行きません。

❶ 山へはよく行きますが、海へはあまり行きません。
산에는 자주 갑니다만, 바다에는 그다지 가지 않습니다.

❷ 博物館へは一週間に一回行きますが、映画館へはあまり行きません。
박물관에는 일주일에 한번 갑니다만, 영화관에는 그다지 가지 않습니다.

❸ 済州島へはたまに旅行しますが、釜山へはあまり行きません。
제주도로는 가끔 여행을 갑니다만, 부산으로는 그다지 가지 않습니다.

❹ 台風14号は東北地方へは来ますが、関東地方へは来ません。
태풍14호는 동북지방에는 옵니다만, 관동지방에는 오지 않습니다.

❺ 友だちの家へはよく行きますが、先生の家へは行きません。
친구의 집에는 자주 갑니다만, 선생님의 집에는 가지 않습니다.

❻ 公園へはたまに散歩に行きますが、市内へはあまり行きません。
공원에는 가끔 산책하러 갑니다만, 시내에는 그다지 가지 않습니다.

문형설명

1) 「～へは～が、～へは～」는 전반부와 후반부가 서로 대비되는 의미의 문장이다.

2) 「へ」는 조사로 쓰이는 경우는 「え」로 발음되며, 동작이나 방향을 나타낸다.

관련어휘

① 日本の地域 (일본지역)

- ☐ 関東 간토
- ☐ 関西 간사이
- ☐ 近畿 긴키
- ☐ 東北 도후쿠
- ☐ 九州 큐슈
- ☐ 北海道 홋카이도
- ☐ 中国 츄고쿠
- ☐ 四国 시코쿠

Q 문형연습

다음 문장을 일본어로 바꾸시오.

1. 사장님은 동경에는 자주 갑니다만, 큐슈에는 가지 않습니다.

2. 수영장에는 자주 갑니다만, 볼링장에는 가지 않습니다.

3. 중국에는 1년에 1번은 갑니다만, 미국에는 전혀 가지 않습니다.

4. 홍콩에는 자주 쇼핑하러 갑니다만, 일본에는 가지 않습니다.

5. 백화점에는 매일 갑니다만, 시장에는 거의 가지 않습니다.

6. 서울에는 친구와 함께 갑니다만, 대전에는 혼자서 갑니다.

단어힌트

자주	よく	수영장	プール
볼링장	ボウリング場	관심	関心
홍콩	香港	출장	出張
백화점	デパート・百貨店	시장	市場

Unit 012

香港では英語が通じますが、中国では通じません。

❶ 香港では英語が通じますが、中国では通じません。
홍콩에서는 영어가 통하지만, 중국에서는 통하지 않습니다.

❷ 北海道では雪が降っていますが、福岡では雨が降っています。
홋카이도에는 눈이 내리고 있지만, 후쿠오카에는 비가 내리고 있습니다.

❸ 学校では勉強しますが、家ではしません
학교에서는 공부하지만, 집에서는 안합니다.

❹ 図書館では本を読みますが、バスでは読みません。
도서관에서는 책을 읽습니다만, 버스에서는 읽지 않습니다.

❺ 花屋では花を売りますが、スーパーでは売りません。
꽃집에서는 꽃을 팝니다만, 슈퍼에서는 팔지 않습니다.

❻ 会社では仕事をしますが、家では休みます。
회사에서는 일을 합니다만, 집에서는 쉽니다.

문형설명

1) 「~では~が、~では~」는 전반부와 후반부가 서로 대비되는 의미의 문장이다.

2) 명사의「~では」는「~에서는」으로 해석된다.

① 学問(학문)

- ☐ 国文学 국문학
- ☐ 法学 법학
- ☐ 政治学 정치학
- ☐ 美学 미학
- ☐ 歴史学 역사학

- ☐ 英文学 영문학
- ☐ 経営学 경영학
- ☐ 民俗学 민속학
- ☐ 哲学 철학
- ☐ 教育学 교육학

문형연습
다음 문장을 일본어로 바꾸시오.

1 학교에서는 공부합니다만, 집에서는 TV를 봅니다.

✎ _____

2 강에서는 낚시를 합니다만, 바다에서는 하지 않습니다.

✎ _____

3 일본에서는 생선회를 먹습니다만, 중국에서는 먹지 않습니다.

✎ _____

4 교실에서는 금연이지만, 복도에서는 괜찮습니다.

✎ _____

5 일본에서는 운전석이 오른쪽이지만, 한국에서는 왼쪽입니다.

✎ _____

6 A고교에서는 프랑스어를 가르칩니다만, B고교에서는 독일어를 가르칩니다.

✎ _____

단어힌트

낚시	釣(つ)り	생선회	刺身(さしみ)
금연	禁煙(きんえん)	복도	廊下(ろうか)
괜찮다	大丈夫(だいじょうぶ)だ	운전석	運転席(うんてんせき)
왼쪽	左(ひだり)(側(がわ))	오른쪽	右(みぎ)(側(がわ))
고교	高校(こうこう)		

Unit 013

妹は安くてかわいいかばんを買いました。

100으로 따라하는 **일본어 문형 통달하기**

❶ 妹は安くてかわいいかばんを買いました。
여동생은 싸고 귀여운 가방을 샀습니다.

❷ いちごケーキは甘くておいしいです。
딸기 케익은 달고 맛있습니다.

❸ 細くて長い足は美しいです。
가늘고 긴 다리는 아름답습니다.

❹ アラスカの冬は寒くて長いです。
알래스카의 겨울은 춥고 깁니다.

❺ 私の靴は古くて汚いです。
나의 신발은 낡고 더럽습니다.

❻ やさしくておもしろい問題にしてください。
쉽고 재미있는 문제로 내 주십시오.

문형설명

1) 「イ형용사くて + イ형용사 기본형」은 「~하고, ~하다」라는 병렬관계이다.

2) イ형용사의 어미 「い」 → 「く」로 바꾸고 「て」를 붙인다.

   安(やす)い → 安(やす)くて 싸고   　　長(なが)い → 長(なが)くて 길고

   甘(あま)い → 甘(あま)くて 달고   　　古(ふる)い → 古(ふる)くて 낡고

관련어휘

① 四季(しき)(사계절)

- ☐ 春(はる) 봄
- ☐ 夏(なつ) 여름
- ☐ 秋(あき) 가을
- ☐ 冬(ふゆ) 겨울
- ☐ 時節(じせつ) 시절
- ☐ 季節(きせつ) 계절
- ☐ 春夏秋冬(しゅんかしゅうとう) 춘하추동

다음 문장을 일본어로 바꾸시오.

1 나는 작고 검은 우산을 샀습니다.

✎ _____

2 형은 싸고 가벼운 침대에서 잡니다.

✎ _____

3 손자의 얼굴은 하얗고 귀엽습니다.

✎ _____

4 어머니의 눈은 작고 가늡니다.

✎ _____

5 남동생은 춥고 어두운 밤에 돌아왔습니다.

✎ _____

6 이 소설은 짧고 재미있습니다.

✎ _____

단어힌트

우산	かさ	사다	買う
가볍다	軽(かる)い	자다	寝(ね)る
얼굴	顔(かお)	손자	孫(まご)
눈	目(め)	가늘다	細(ほそ)い
춥다	寒(さむ)い	어둡다	暗(くら)い
밤	夜(よる)		

Unit 014

英語の辞典は厚くて重いです。

■ 100으로 따라하는 **일본어 문형 통달하기**

① 英語の辞典は厚くて重いです。
영어사전은 두껍고 무겁습니다.

② 数学の先生は親切できれいです。
수학 선생님은 친절하고 예쁩니다.

③ 駅前の食堂は安くておいしいです。
역앞 식당은 싸고 맛있습니다.

④ 金君の下宿は狭くて暗いです。
김군의 하숙방은 좁고 어둡습니다.

⑤ この町は静かできれいです。
이 마을은 조용하고 깨끗합니다.

⑥ 韓国の冬は風も強くて厳しいです。
한국의 겨울은 바람도 세고 혹독합니다.

1) 「イ形容詞くて + ～イ形容사, 혹은 ナ形容사で+ナ形容사」는 병용으로 인과관계를 나타낸다.

2) ナ형용사의 「で」형 만들기
   - きれいだ → きれいで   깨끗하고, 예쁘고
   - 親切だ → 親切で   친절하고, 친절해서
   - 静かだ → 静かで   조용하고, 조용해서

① 教科目(교과목)

- □ 国語 국어
- □ 英語 영어
- □ 地理 지리
- □ 美術 미술
- □ 数学 수학
- □ 歴史 역사
- □ 音楽 음악
- □ 社会 사회

문형연습
다음 문장을 일본어로 바꾸시오.

1 딱딱하고 맛없는 빵을 매일 먹습니다.

2 올해는 크고 단 사과를 많이 팔았습니다.

3 일본어 선생님은 조용하고 친절합니다.

4 일본의 여름은 덥고 깁니다.

5 이 김치는 맵고 십니다.

6 새 카메라는 얇고 가볍습니다.

단어힌트

딱딱하다	かたい	팔다	売る
덥다	暑い	맵다	辛い
시다	すっぱい	카메라	カメラ
얇다	うすい	가볍다	軽い

Unit 015

ドイツ人は無口で、静かな人が多いです。

① ドイツ人は無口で、静かな人が多いです。
독일인은 과묵하고 조용한 사람이 많습니다.

② 花子さんはきれいで、真面目な学生です。
하나코씨는 예쁘고 성실한 학생입니다.

③ 明子さんは朗らかで、素直な女性です。
아키코씨는 명랑하고 순진한 여성입니다.

④ 銀座は賑やかで、いろいろな人が来ます。
긴자는 번화하고 다양한 사람이 옵니다.

⑤ 中村さんは英語が上手で、ハンサムな人です。
나카무라씨는 영어가 능숙하고 잘 생긴 사람입니다.

⑥ 仙台は安全で、きれいな都市です。
센다이는 안전하고 아름다운 도시입니다.

1) 「ナ형용사で, ナ형용사な~」는 병렬관계를 나타낸다.

2) ナ형용사 뒤에 명사가 올 때 어미 「だ」를 「な」로 바꾸어 준다.
   無口だ + 人 → 無口な人   과묵한 사람
   静かだ + 町 → 静かな町   조용한 마을
   平和だ + 国 → 平和な国   평화로운 나라

① 日本の大都市(일본의 대도시)

- ☐ 東京   도쿄
- ☐ 京都   교토
- ☐ 札幌   삿포로
- ☐ 福岡   후쿠오카
- ☐ 長崎   나가사키
- ☐ 博多   하카다

- ☐ 大阪   오사카
- ☐ 神戸   코베
- ☐ 名古屋 나고야
- ☐ 横浜   요코하마
- ☐ 広島   히로시마
- ☐ 仙台   센다이

문형연습
다음 문장을 일본어로 바꾸시오.

1 이 방은 조용하고 깨끗합니다.
_____

2 기무라씨의 딸은 영어가 능숙하고 훌륭한 여성입니다.
_____

3 저의 오빠는 핸섬하고 명랑한 사람입니다.
_____

4 일본 사람은 친절하고 근면합니다.
_____

5 부장님의 집은 조용하고 안전한 곳입니다.
_____

6 이태리 가구는 고가이고, 화려합니다.
_____

단어힌트

방	部屋	딸	娘
여성	女性	고가이다	高価だ
화려하다	派手だ	이탈리아	イタリア
가구	家具		

Unit 016

赤坂ホテルは静かで素晴らしい所です。

■ 100으로 따라하는 **일본어 문형 통달하기**

❶ 赤坂ホテルは静かで素晴らしい所です。

아카사카 호텔은 조용하고 멋진 곳입니다.

❷ 朴君は真面目で優しい青年です。

박군은 성실하고 착한 청년입니다.

❸ このコピー機は不便で高いです。

이 복사기는 불편하고 비쌉니다.

❹ 箱根は交通が便利で素晴らしい景色で有名な所です。

하코네는 교통이 편리하고 멋진 경치로 유명한 곳입니다.

❺ 公園には小さくてきれいな花がたくさん咲いています。

공원에는 작고 예쁜 꽃이 많이 피어 있습니다.

❻ 柳君はうるさくて不真面目な学生です。

류군은 시끄럽고 불성실한 학생입니다.

 **문형설명**

1) 「イ형용사くて + ナ형용사, ナ형용사で + イ형용사」는 「~하고 ~한, ~하고 ~한」이라는 병렬의 인과 관계를 나타낸다.

2) イ형용사 뒤에 ナ형용사가 올 때는,
 うるさい + 不真面目だ → うるさくて不真面目だ　시끄럽고 불성실하다
 小さい + きれいだ　　→ 小さくてきれいだ　　　작고 예쁘다

 **관련어휘**

① 東京の地名(도쿄의 지명)

- □ 赤坂　아카사카
- □ 銀座　긴자
- □ 六本木　록본기
- □ 青山　아오야마
- □ 神田　간다
- □ 上野　우에노

문형연습

다음 문장을 일본어로 바꾸시오.

1 이군은 친절하고 밝은 청년입니다.

　✎ _____

2 박씨는 명랑하고 착한 학생입니다.

　✎ _____

3 하숙집은 학교에서 가깝고 조용한 곳입니다.

　✎ _____

4 MK택시는 싸고 편리합니다.

　✎ _____

5 홋카이도의 여름은 쾌적하고 시원합니다.

　✎ _____

6 친구의 성격은 원만하고 밝습니다.

　✎ _____

단어힌트

정직하다	正直(しょうじき)だ	청년	青年(せいねん)
하숙(집)	下宿(げしゅく)	택시	タクシー
홋카이도	北海道(ほっかいどう)	쾌적하다	快適(かいてき)だ
시원하다	涼(すず)しい	원만하다	円満(えんまん)だ

授業が終りました。帰ってもいいですか。

① 授業が終りました。帰ってもいいですか。

수업이 끝났습니다. 돌아가도 좋습니까?

② 水道のお水を飲んでもいいですか。いいえ、いけません。

수돗물을 마셔도 좋습니까? 아니오, 안됩니다.

③ 電車の中で物を売ってもいいですか。

전철 안에서 물건을 팔아도 좋습니까?

④ 彼と結婚してもいいですか。はい、いいですよ。

그와 결혼해도 좋습니까? 예, 좋습니다.

⑤ これから日本語で話してもいいですか。

이제부터 일본어로 이야기해도 좋습니까?

⑥ トイレを使ってもいいですか。すこし待ってください。

화장실을 사용해도 좋습니까? 잠시만 기다려 주십시오.

문형설명

1) 「동사+てもいい」 「~해도 좋다(괜찮다)」라는 의미로 의향, 허가를 나타낸다.

2) 동사는 「て」형에 연결된다.

3) 동사의 어미가 「む」「ぶ」「ぬ」로 끝나는 단어는 「でもいい」

　　読む　→　読んでもいい　　읽어도 좋다

　　呼ぶ　→　呼んでもいい　　불러도 좋다

　　死ぬ　→　死んでもいい　　죽어도 좋다

관련어휘

① 乗り物 (탈 것)

- ☐ 電車　전철
- ☐ バス　버스
- ☐ 船　배
- ☐ 車　자동차
- ☐ 地下鉄　지하철
- ☐ タクシー　택시
- ☐ 飛行機　비행기
- ☐ 自転車　자전거

문형연습
다음 문장을 일본어로 바꾸시오.

1 밤늦게 전화를 걸어도 좋습니까?

✎ _____

2 박물관 밖에서는 사진을 찍어도 좋습니다.

✎ _____

3 이 책을 하루 빌려도 괜찮습니까?

✎ _____

4 지금 저녁을 먹어도 좋습니다.

✎ _____

5 창문을 닫아도 좋습니다.

✎ _____

6 라디오를 틀어도 괜찮습니까?

✎ _____

단어힌트

오후	午後	(전화를)걸다	かける
박물관	博物館	사진	写真
(사진을)찍다	撮る	창문	窓
닫다	閉める	라디오	ラジオ
빌리다	借りる	틀다	つける

Unit 018

発表は今日でなくてもいいです。

① 発表は今日でなくてもいいです。
발표는 오늘이 아니라도 좋습니다.

② 出品は自分の作品でなくてもいいです。
출품은 자신의 작품이 아니라도 좋습니다.

③ 入会資格は学生でなくてもいいです。
입회자격은 학생이 아니라도 좋습니다.

④ 結婚相手は美人でなくてもいいです。
결혼상대는 미인이 아니라도 좋습니다.

⑤ ドレスは高いものでなくてもいいです。
드레스는 비싼 것이 아니라도 좋습니다.

⑥ スピーチは有名な人でなくてもいいです。
스피치는 유명한 사람이 아니라도 좋습니다.

1) 「명사＋で(は)なくてもいい」는 「～가 아니라도 좋다(괜찮다)」의 의미로서 의향, 불필요를 나타낸다.

2) 명사의 부정문 격이므로 「～でなくても」로 연결된다.

① 服(옷)

- □ ワンピース 원피스
- □ スカート 스커트
- □ ニット 니트
- □ Tシャツ 티셔츠
- □ コート 코트

- □ スーツ 정장
- □ ズボン 바지
- □ 半ズボン 반바지
- □ セーター 스웨타
- □ ブラウス 블라우스

다음 문장을 일본어로 바꾸시오.

1 지불은 현금이 아니라도 괜찮습니다.

2 참가자는 정치가가 아니라도 좋습니다.

3 호텔은 유명한 곳이 아니라도 좋습니다.

4 레포트 제출은 오늘이 아니라도 좋습니다.

5 싸인은 볼펜이 아니라도 좋습니다.

6 보증인은 가족이 아니라도 좋습니다.

단어힌트

지불	支払(しはら)い	현금	現金(げんきん)
카드	カード	참가자	参加者(さんかしゃ)
유명하다	有名(ゆうめい)だ	레포트	レポート
제출	提出(ていしゅつ)	보증인	保証人(ほしょうにん)
싸인	サイン		

Unit 019

ここからは車に乗らなくてもいいです。

1 ここからは車に乗らなくてもいいです。
여기부터는 차를 타지 않아도 좋습니다.

2 ノックはしなくてもいいです。だれもいません。
노크는 하지 않아도 좋습니다. 아무도 없습니다.

3 暖かくなりました。もうコートは着なくてもいいです。
따뜻해졌습니다. 이제 코트는 입지 않아도 좋습니다.

4 雨が止みました。傘をささなくてもいいです。
비가 그쳤습니다. 우산을 쓰지 않아도 좋습니다.

5 空港では英語で話さなくてもいいです。日本語でも通じます。
공항에서는 영어로 이야기하지 않아도 좋습니다. 일본어도 통합니다.

6 私の切符は買わなくもいいです。昨日買っておきました。
내 표는 사지 않아도 좋습니다. 어제 사 두었습니다.

1) 「동사+なくてもいい」는 「~하지 않아도 좋다」라는 의미로 불필요를 나타낸다.

2) 동사의 「ない」의 활용연습

　乗る → 乗らない　타지 않다
　する → しない　하지 않다
　着る → 着ない　입지 않다
　さす → ささない　쓰지 않다
　来る → 来ない　오지 않다

① 天気(날씨)

- □ 雨　비
- □ 雲　구름
- □ 露　이슬
- □ 霧　안개

- □ 雪　눈
- □ 風　바람
- □ 台風　태풍
- □ 霜　서리

문형연습
다음 문장을 일본어로 바꾸시오.

1 시시한 소설은 읽지 않아도 좋습니다.
✎ _____

2 일요일에는 일을 하지 않아도 좋습니다.
✎ _____

3 지금은 전기를 켜지 않아도 좋습니다.
✎ _____

4 여기에는 이름을 쓰지 않아도 좋습니다.
✎ _____

5 오늘까지 돈을 갚지 않아도 좋습니다.
✎ _____

6 음식을 전부 먹지 않아도 좋습니다.
✎ _____

단어힌트

일	仕事(しごと)	(전기를) 켜다	つける
(돈을)갚다	返(かえ)す	이름	名前(なまえ)
시시하다	つまらない	음식	食(た)べ物(もの)

Unit 020

ノートと鉛筆は高くなくてもいいです。

■ 100으로 따라하는 **일본어 문형 통달하기**

① ノートと鉛筆は高くなくてもいいです。

노트와 연필은 비싸지 않아도 좋습니다.

② ブラウスの色は白くなくてもいいです。

블라우스 색깔은 희지 않아도 좋습니다.

③ 靴のサイズは大きくなくてもいいです。

구두 사이즈는 크지 않아도 좋습니다.

④ 下宿は学校から近くなくてもいいです。

하숙집은 학교에서 가깝지 않아도 좋습니다.

⑤ ホテルのサービスはよくなくてもいいです。

호텔의 서비스는 좋지 않아도 좋습니다.

⑥ 釣りをする時、川は深くなくてもいいです。

낚시를 할 때, 강은 깊지 않아도 좋습니다.

1) 「イ形容사＋なくてもいい」는 「～하지 않아도 좋다」의 의미로 불필요를 나타낸다.

① 色(색)

- □ 白い 희다
- □ 赤い 붉다
- □ 黄色い 노랗다
- □ 濃い 진하다

- □ 青い 푸르다
- □ 黒い 검다
- □ 薄い 연하다・흐리다

문형연습

다음 문장을 일본어로 바꾸시오.

1 가방은 크지 않아도 좋습니다.

✎ _____

2 방은 넓지 않아도 좋습니다.

✎ _____

3 주인공의 키는 크지 않아도 좋습니다.

✎ _____

4 스커트의 색깔은 밝지 않아도 좋습니다.

✎ _____

5 걷는 속도는 빠르지 않아도 좋습니다.

✎ _____

6 사무실 창문은 크지 않아도 좋습니다.

✎ _____

단어힌트

가방	かばん	주인공	主人公(しゅじんこう)
키가 크다	背(せ)が高(たか)い(o) 背(せ)が大(おお)きい(×)	밝다	明(あか)るい
속도	速度(そくど)	빠르다	速(はや)い(속도가) 빠르다
			早(はや)い(시간이) 빠르다
			이르다

Unit 021

頭(あたま)は優秀(ゆうしゅう)でなくてもいいです。

❶ 頭(あたま)は優秀(ゆうしゅう)でなくてもいいです。
머리는 우수하지 않아도 좋습니다.

❷ 生活(せいかつ)は豊(ゆた)かでなくてもいいです。
생활은 풍요롭지 않아도 좋습니다.

❸ 主人公(しゅじんこう)はハンサムでなくてもいいです。
주인공은 잘 생기지 않아도 좋습니다.

❹ 発音(はつおん)は正確(せいかく)でなくてもいいです。
발음은 정확하지 않아도 좋습니다.

❺ 英語(えいご)は得意(とくい)でなくてもいいです。
영어는 잘하지 않아도 좋습니다.

❻ パーティーのメニューは特別(とくべつ)でなくてもいいです。
파티 메뉴는 특별하지 않아도 좋습니다.

1) 「ナ형용사 ＋ で(は)なくてもいい」는 「~하지 않아도 좋다」의 의미로 불필요를 나타낸다.

2) ナ형용사의 「ない」 활용연습

   上手だ → 上手ではない   능숙하지 않다
   下手だ → 下手ではない   서툴지 않다
   元気だ → 元気ではない   건강하지 않다
   きれいだ → きれいではない 예쁘지 않다
   便利だ → 便利ではない   편리하지 않다

문형연습

다음 문장을 일본어로 바꾸시오.

1 묵는 방은 깨끗하지 않아도 좋습니다.

　✎ _____

2 손목시계는 화려하지 않아도 좋습니다.

　✎ _____

3 교통은 편리하지 않아도 좋습니다.

　✎ _____

4 중국어는 능숙하지 않아도 좋습니다.

　✎ _____

5 색은 선명하지 않아도 좋습니다.

　✎ _____

6 출발 날짜는 같지 않아도 좋습니다.

　✎ _____

단어힌트

싸다	安(やす)い	손목시계	腕時計(うでどけい)
선명하다	鮮(あざ)やかだ	출발일(날짜)	出発日(しゅっぱつび)
같다	同(おな)じだ		

Unit 022

室内ではタバコを吸ってはいけません。

■ 100으로 따라하는 **일본어 문형 통달하기**

① 室内ではタバコを吸ってはいけません。
실내에서는 담배를 피워서는 안됩니다.

② 二十歳になるまではお酒を飲んではいけません。
20살이 될 때까지는 술을 마셔서는 안됩니다.

③ 夜中に人の家に電話をしてはいけません。
밤중에 남의 집에 전화해서는 안됩니다.

④ 廊下では大きな声で騒いではいけません。
복도에서는 큰 소리로 떠들어서는 안됩니다.

⑤ 今日は学校を休んではいけません。
오늘은 학교를 쉬어서는 안됩니다.

⑥ 展示品に手を触れてはいけません。
전시품에 손을 대어서는 안됩니다.

1) 「～てはいけない」는 「～해서는 안된다」는 불허가・금지를 나타낸다.

① 年(나이)

- ☐ 一歳(才) いっさい きい
- ☐ 二歳(才) に さい きい
- ☐ 三歳(才) さん さい きい
- ☐ 四歳(才) よん さい きい
- ☐ 五歳(才) ご さい きい
- ☐ 六歳(才) ろく さい きい
- ☐ 七歳(才) なな さい きい
- ☐ 八歳(才) はっ さい きい
- ☐ 九歳(才) きゅう さい きい
- ☐ 十歳(才) じゅう さい きい
- ☐ 二十歳 は た ち
- ☐ 三十歳(才) さんじゅっ さい きい
- ☐ 四十歳(才) よんじゅっ さい きい
- ☐ 百歳(才) ひゃく さい きい

문형연습
다음 문장을 일본어로 바꾸시오.

1 회의 시간에 늦어서는 안됩니다.
✎ _____

2 도서관에서 잡담을 해서는 안됩니다.
✎ _____

3 수업시간에 만화책을 읽어서는 안됩니다.
✎ _____

4 여기부터는 들어가서는 안됩니다.
✎ _____

5 평일에 회사를 쉬어서는 안됩니다.
✎ _____

6 내일부터 술을 마셔서는 안됩니다.
✎ _____

단어힌트

회의	会議(かいぎ)	늦다	遅(おく)れる
잡담	雑談(ざつだん)(おしゃべり)	수업	授業(じゅぎょう)
들어가다	入(はい)る	평일	平日(へいじつ)
쉬다	休(やす)む	만화책	漫画(まんが)

Unit 023

子供は手を洗って食事をします。

① 子供は手を洗って食事をします。
아이는 손을 씻고 식사를 합니다.

② 番号を確かめて電話します。
번호를 확인하고 전화합니다.

③ 部屋の掃除をして家具を入れます。
방 청소를 하고 가구를 넣습니다.

④ 会議が終ってすぐ社長に報告します。
회의가 끝나고 나서 곧바로 사장님께 보고합니다.

⑤ 涼しい秋が過ぎて寒い冬になりました。
서늘한 가을이 지나고 추운 겨울이 되었습니다.

⑥ 李君はラーメンを食べて勉強をはじめました。
이군은 라면을 먹고 공부를 시작했습니다.

> 1) 「동사+て(で)」는 「~하고」의 의미로서 앞의 동작이 있고 나서 다음에 다른 동작으로 옮겨가는 용법이다.
>
> 2) 「て(で)」을 연결할 때는 音便에 유의한다
>
>   泳ぐ → 泳いで   헤엄치고
>
>   飲む → 飲んで   마시고
>
>   並ぶ → 並んで   진열하고
>
>   死ぬ → 死んで   죽고

① 食べ物(먹거리)

- ☐ ラーメン   라면
- ☐ そば   메밀국수
- ☐ てんぷら   튀김
- ☐ ぎょうざ   만두

- ☐ カレーライス   카레라이스
- ☐ うどん   우동
- ☐ やきめし   볶음밥
- ☐ 丼(どんぶり)   덮밥

문형연습
다음 문장을 일본어로 바꾸시오.

1 집에서는 항상 확인을 하고 문을 엽니다.

✎ _____

2 매일 아침 밀크를 마시고 신문을 읽습니다.

✎ _____

3 밥을 먹고 커피를 마십니다.

✎ _____

4 7시에 일어나서 8시에 학교에 갑니다.

✎ _____

5 20세기가 지나고 21세기가 됩니다.

✎ _____

6 오전 중에는 책을 읽고, 레포트를 씁니다.

✎ _____

단어힌트

확인(을)하다	確認(を)する	문	ドア
이제 곧	もうすぐ	레포트	レポート
밀크	ミルク	일어나다	起きる
오전중	午前中		

Unit 024

このお金で母のプレゼントを買うつもりです。

■ 100으로 따라하는 **일본어 문형 통달하기**

❶ このお金で母のプレゼントを買うつもりです。

이 돈으로 어머니의 선물을 살 작정입니다.

❷ 一人で海外旅行をするのは初めてです。

혼자서 해외여행을 하는 것은 처음입니다.

❸ このくらいの水で洗濯ができますか。

이 정도의 물로 세탁이 가능합니까?

❹ 今度の交通事故で１０人も死にました。

이번 교통사고로 10명이나 죽었습니다.

❺ 良い原料で良い製品を作るのが会社の方針です。

좋은 원료로 좋은 제품을 만드는 것이 회사의 방침입니다.

❻ 自分一人で責任を取る必要はありません。

자기 혼자서 책임을 질 필요는 없습니다.

1) 「명사+で」는 「~(으)로」라는 의미로 주체의 양적 한정·범위·단위를 나타낸다.

① 人数(인수)
- 一人・二人・三人・四人・五人・六人・七人・八人・九人・十人・
二十人・三十人......百人

② 宿泊(숙박)
- 一泊二日 ・ 二泊三日 ・ 三泊四日 ・ 四泊五日 ・ 五泊六日

문형연습
다음 문장을 일본어로 바꾸시오.

1 이것은 그가 왼손으로 쓴 글씨입니다.

✎ _____

2 이 돈은 이번 달 월급으로, 지난달보다 많습니다.

✎ _____

3 올 여름방학에는 혼자서 하와이에 갈 예정입니다.

✎ _____

4 옆집 자동차는 벤츠로, 대단히 비쌉니다.

✎ _____

5 이번 출장은 3박4일로 전보다 하루 늘었습니다.

✎ _____

6 부모님은 일본인으로, 지금은 이탈리아에 살고 있습니다.

✎ _____

단어힌트

그	彼(かれ)	왼손	左手(ひだりて)
글씨	字(じ)	이번 달	今月(こんげつ)
월급	給料(きゅうりょう)・月給(げっきゅう)	지난 달	先月(せんげつ)
올해	今年(ことし)	하와이	ハワイ
예정	つもり・予定(よてい)	옆집	隣の家(となりのいえ)
벤츠	ベンツ	이탈리아	イタリア

Unit 025

彼はいつも窓を閉めないででかけます。

① 彼はいつも窓を閉めないででかけます。
그는 항상 창문을 닫지 않고 외출합니다.

② 宿題はしないで映画を見る時もあります。
숙제는 하지 않고 영화를 볼 때도 있습니다.

③ 二人は一度も会わないで文通ばかりしています。
두 사람은 한 번도 만나지 않고 편지왕래만 하고 있습니다.

④ ボールを右に投げないでまっすぐ投げてください。
공을 오른쪽으로 던지지 말고 똑바로 던져 주세요.

⑤ 手を洗わないで食事をする時もあります。
손을 씻지 않고 식사를 할 때도 있습니다.

⑥ シートベルトを締めないで運転するのは危ないです。
안전벨트를 하지 않고 운전을 하는 것은 위험합니다.

1) 「～ないで(ずに)」「～하지 않고」라는 의미로 수단・방법・양태 등 후반구의 부대조건을 나타낸다.

① 동사의 「ない」형 활용

- ☐ 5단형 読む → 読まない

    言う → 言わない

    乗る → 乗らない

- ☐ 1단형 見る → 見ない

    食べる → 食べない

- ☐ 변격형 する → しない

    来る → 来ない

문형연습
다음 문장을 일본어로 바꾸시오.

1 아버지는 사과껍질을 벗기지 않고 먹습니다.

　_____

2 헬멧을 쓰지 않고 오토바이를 타서는 안됩니다.

　_____

3 아침을 먹지 않고 학교에 가는 날도 있습니다.

　_____

4 내일은 회사에 가지 않고 집에서 쉽니다.

　_____

5 계단에서는 뛰지 말고 천천히 내려갑시다.

　_____

6 시험공부는 하지 않고 야구를 하고 있습니다.

　_____

단어힌트

껍질을 벗기다	皮をむく	그대로, 그냥	そのまま
헬멧을 쓰다	ヘルメットをかぶる	오토바이(소형)	バイク
계단	階段	뛰다	走る
천천히	ゆっくり	걷다	歩く

Unit 026

若い時お金を貯めなくて、今も苦労しています。

① 若い時お金を貯めなくて、今も苦労しています。
젊을 때 돈을 모으지 않아서 지금도 고생하고 있습니다.

② 弟は勉強しなくて、家族みんなは心配しています。
남동생은 공부를 하지 않아서 가족 모두는 걱정입니다.

③ このごろ新聞を読まなくて、国内の事情がよく分りません。
요즈음 신문을 읽지 않아서 국내 사정을 잘 모릅니다.

④ 午後になっても雨があがらなくて、試合は中止になりました。
오후가 되어도 비가 그치지 않아서 시합은 중지되었습니다.

⑤ 彼は約束の時間を守らなくて、だれも信用しません。
그는 약속시간을 지키지 않아서 아무도 신용하지 않습니다.

⑥ 病気が完全に治らなくて、未だに病院通いです。
병이 완전히 낫지 않아서 지금까지도 병원에 다니고 있습니다.

문형설명

1) 「동사+なくて」는 「~하지 않아서」로서 원인・이유・결과를 나타낸다.

관련어휘

① 病気 (병)

- □ 癌　암
- □ 消化不良　소화불량
- □ 胃持たれ　체함
- □ アレルギー　알레르기
- □ 腰痛　요통
- □ 神経痛　신경통
- □ 風邪　감기
- □ 貧血　빈혈

문형연습
다음 문장을 일본어로 바꾸시오.

1 약을 먹지 않아서 감기가 심해졌습니다.

2 남동생의 성적이 오르지 않아서 어머니는 늘 걱정입니다.

3 딸이 밤 12시가 되어도 돌아오지 않아서 불안합니다.

4 일요일은 전차가 붐비지 않아서 편합니다.

5 사원들은 일요일에도 쉬지 않아서 불만입니다.

6 아이가 밥을 먹지 않아서 엄마는 늘 걱정입니다.

단어힌트

약	薬(くすり)	성적이 오르다	成績(せいせき)が上(あ)がる
걱정이다	心配(しんぱい)だ	딸	娘(むすめ)
불안하다	不安(ふあん)だ	사원들	社員(しゃいん)たち
불만이다	不満(ふまん)だ	편하다	楽(らく)だ

ソウルから大田まで、車で2時間ぐらいかかります。

❶ ソウルから大田まで車で2時間ぐらいかかります。
서울에서 대전까지 차로 2시간 정도 걸립니다.

❷ 小学校から大学まで全部国がお金を出します。
초등학교부터 대학교까지 전부 국가(정부)가 돈을 냅니다.

❸ 出発から到着までこちらでいっさいお世話します。
출발에서 도착까지 이쪽에서 일체 보살펴 드리겠습니다.

❹ 今年の秋から来年までブラウン色が流行ると思います。
올 가을부터 내년까지 브라운 색이 유행할 거라고 생각합니다.

❺ 午前１０時から午後３時まで食堂でアルバイトをしています。
오전 10시부터 오후 3시까지 식당에서 아르바이트를 하고 있습니다.

❻ 駅から郵便局まで歩いて何分ぐらいかかりますか。
역에서 우체국까지 걸어서 몇 분 정도 걸립니까?

 문형설명

1) 「~から~まで」「~에서(부터)~까지」의 의미로 장소·공간의 범위를 나타낸다.

 관련어휘

① 時間(시간)

□ 一時・二時・三時・四時・五時・六時・七時・八時・九時・十時・
十一時・十二時・午前・午後

문형연습
다음 문장을 일본어로 바꾸시오.

1 매일 집에서 공원까지 산책합니다.

✎ _____

2 공항에서 시내까지는 지하철이 편리합니다.

✎ _____

3 이 책은 처음부터 끝까지 전부 읽었습니다.

✎ _____

4 부산에서 제주도까지 배로 몇 시간 걸립니까?

✎ _____

5 빌딩의 1층에서 3층까지는 엘리베이터가 서지 않습니다.

✎ _____

6 불고기는 어린이에서 어른까지 모두 좋아합니다.

✎ _____

단어 힌트

공원	公園(こうえん)	산책하다	散歩(さんぽ)する
공항	空港(くうこう)	엘리베이터	エレベーター
서다	止(と)まる	불고기	焼(や)き肉(にく)
배	船(ふね)	어른	大人(おとな)

Unit 028

駅から公園までの道路が一番広いです。

■ 100으로 따라하는 **일본어 문형 통달하기**

① 駅から公園までの道路が一番広いです。

역에서 공원까지의 도로가 가장 넓습니다.

② 入口から出口までの廊下には人々で一杯です。

입구에서 출구까지의 복도에는 사람들로 가득합니다.

③ 玄関から茶の間までの壁を青色に塗りました。

현관에서 거실까지의 벽을 푸른색으로 칠했습니다.

④ 今年から来年までの景気は不景気でしょう。

올해부터 내년까지의 경기는 불경기겠지요.

⑤ 上野から新大阪までの切符は売り切れました。

우에노에서 신오사카까지의 차표는 매진되었습니다.

⑥ 6才から12才までの子供は風邪に気を付けてください。

6살부터 12살까지의 어린이는 감기에 주의해 주십시오.

1) 「~から~までの+체언」은 「~에서 ~까지의」의 의미로 장소・공간의 범위를 나타낸다.

① 政府省庁(정부부처)

- 国会　국회
- 総理府　총리관저
- 区役所　구청
- 警察庁　경찰청
- 検察　검찰
- 市役所　시청
- 裁判所　법원

다음 문장을 일본어로 바꾸시오.

1. 책방에서 백화점까지의 거리는 꽤 멉니다.

   ✏ _____

2. 20페이지에서 30페이지까지의 문제는 꽤 어렵습니다.

   ✏ _____

3. 유치원에서 집까지의 길을 아이 혼자서 다닙니다.

   ✏ _____

4. 무역회관에서 전시장까지의 도로는 넓습니까?

   ✏ _____

5. 봄에서 여름까지의 날씨가 가장 좋습니다.

   ✏ _____

6. 공원에서 역까지의 가게는 사람들로 가득합니다.

   ✏ _____

단어힌트

거리	距離(きょり)	무역회관	貿易会館(ぼうえきかいかん)
꽤	かなり・とても	전시장	展示場(てんじじょう)
유치원	幼稚園(ようちえん)	다니다	通(かよ)う

典子さんは先からラジオを聞いています。

❶ 典子さんは先からラジオを聞いています。
노리코씨는 아까부터 라디오를 듣고 있습니다.

❷ 書店で本を買っている人が私の姉です。
서점에서 책을 사고 있는 사람이 내 언니입니다.

❸ 社長は今お客さんと話をしています。
사장님은 지금 손님과 이야기를 하고 있습니다.

❹ 母は部屋でアイロンをかけています。
어머니는 방에서 다림질을 하고 있습니다.

❺ 弟は自分の部屋で宿題をやっています。
남동생은 자기 방에서 숙제를 하고 있습니다.

❻ ソウルは初めてですから地図を見て歩いています。
서울은 처음이라서 지도를 보고 걷고 있습니다.

문형설명

1) 「동사+ている」는 「~하고 있다」의 의미로 동작・작용의 진행상태를 나타낸다.

2) 「동사+ている」형태에는 여러 가지 의미가 있는데, 그 중에서 진행의 상태를 표현하는 문형이다.

관련어휘

① 外来語(외래어)

- ☐ エレガントな腕時計　우아한 손목시계
- ☐ キュートな雰囲気　귀여운 분위기
- ☐ スポーティなスタイル　스포티한 스타일
- ☐ スマートな顔　세련된 얼굴
- ☐ セクシーな踊り　섹시한 춤
- ☐ チャーミングなスカート　매력적인 스커트
- ☐ ハイカラーの女性　신여성
- ☐ スカーフとマッチする　스카프와 매치하다

문형연습

다음 문장을 일본어로 바꾸시오.

1. 선생님은 지금 교실에서 영어를 가르치고 있습니다.

   ✎ _____

2. 빵을 굽고 있는 사람은 누구입니까?

   ✎ _____

3. 이군은 TV로 축구 중계를 보고 있습니다.

   ✎ _____

4. 어머니는 부엌에서 요리를 만들고 있습니다.

   ✎ _____

5. 학생들은 지금 영어시험을 보고 있습니다.

   ✎ _____

6. 선생님은 학회에서 발표를 하고 있습니다.

   ✎ _____

단어힌트

빵을 굽다	パンを焼く	학회	学会
중계	中継	발표를 하다	発表(を)する
부엌	台所	시험을 보다	試験を受ける

Unit 030

山火事で木が燃えています。

① 山火事で木が燃えています。
산불로 나무가 타고 있습니다.

② 果物の中で何が一番よく売れていますか。
과일 중에서 무엇이 가장 잘 팔리고 있습니까?

③ 朝から風が吹き、雪も降っています。
아침부터 바람이 불고, 눈도 내리고 있습니다.

④ 彼は手帳に私の電話番号を書いています。
그는 수첩에 내 전화번호를 쓰고 있습니다.

⑤ 友だちは自転車で全国を廻っています。
친구는 자전거로 전국을 돌고 있습니다.

⑥ 小学校の時の先生のお名前を今も覚えています。
초등학교 때 선생님 성함을 지금도 기억하고 있습니다.

1) 「동사＋ている」는 「～하고 있다」의 의미로 동작・작용・결과의 상태・계속을 나타낸다.

① 番号(번호)

☐ 電話番号　전화번호　　　　　☐ 暗証番号　비밀번호

☐ 外国人登録番号　외국인 등록번호　☐ ケータイ番号　핸드폰 번호

☐ 口座番号　계좌번호　　　　　☐ 出席番号　출석번호

문형연습
다음 문장을 일본어로 바꾸시오.

1. 공원에는 아름다운 꽃이 많이 피어 있습니다.

2. 최군은 출장으로 영국에 가 있습니다.

3. 오늘은 아침부터 하늘이 흐려 있습니다.

4. 매년 물가가 오르고 있습니다.

5. 아버지는 10년 전부터 은행에 근무하고 있습니다.

6. 지금도 그 사람을 사랑하고 있습니다.

단어 힌트

영국	イギリス	흐리다	くもる
물가가 오르다	物価（ぶっか）が上（あ）がる	근무하다	勤（つと）める
사랑하다	愛（あい）している		

彼は一時間前からテニスをしています。

① 彼は一時間前からテニスをしています。
그는 한시간 전부터 테니스를 치고 있습니다.

② 母は毎日家のあちこちを掃除しています。
어머니는 매일 집안 여기저기를 청소하고 있습니다.

③ 退院してからも一日3回薬を飲んでいます。
퇴원하고 나서도 하루에 세 번 약을 먹고 있습니다.

④ お祈りをささげている時が一番幸せです。
기도를 드리고 있을 때가 가장 행복합니다.

⑤ 彼女は一日に2回、家に電話をしています。
그녀는 하루에 두 번, 집에 전화를 하고 있습니다.

⑥ あまりにもおもしろい本なので2回も読んでいます。
너무나도 재미있는 책이어서 2번이나 읽고 있습니다.

문형설명

1) 「동사+ている」는 「~하고 있다」의 의미로 동작・작용의 반복을 나타낸다.

관련어휘

① スポーツ(스포츠)
- テニス 테니스
- サッカー 축구
- バレーボール 배구
- 卓球 탁구
- ゴルフ 골프
- 野球 야구
- バスケットボール 농구
- 柔道 유도
- マラソン 마라톤
- スキー 스키

문형연습
다음 문장을 일본어로 바꾸시오.

1 할머니는 매일 일기예보를 듣고 있습니다.

2 중국어 회화 테이프를 매일 듣고 있습니다.

3 당신은 매일 우유를 마시고 있습니까?

4 이 고양이와 2년 간이나 같이 살고 있습니다.

5 지난주부터 서점에서 아르바이트를 하고 있습니다.

6 초등학교 때부터 지금까지 일기를 쓰고 있습니다.

단어힌트

일기예보	天気予報	우유	牛乳(ミルク)
고양이	猫	아르바이트	アルバイト
지난주	先週	일기를 쓰다	日記を書く(付ける)

Unit 032

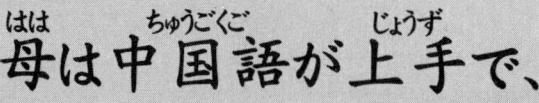

母は中国語が上手で、
父は英語が上手です。

100으로 따라하는 **일본어 문형 통달하기**

---

❶ 母は中国語が上手で、父は英語が上手です。

어머니는 중국어가 능숙하고, 아버지는 영어가 능숙합니다.

❷ 京都の街はきれいで、LAの街は賑やかです。

교토의 거리는 깨끗하고, LA의 거리는 번화합니다.

❸ 市内の交通は便利で、田舎の交通は不便です。

시내의 교통은 편리하고, 시골의 교통은 불편합니다.

❹ アナウンサーの衣裳は平凡で、俳優の衣裳は派手です。

아나운서의 의상은 평범하고, 배우의 의상은 화려합니다.

❺ 道子さんのドレスは華やかで、久美子さんのドレスは地味です。

미치코씨의 드레스는 화려하고, 구미코씨의 드레스는 수수합니다.

❻ 息子は牛乳が嫌いで、娘はコーラが嫌いです。

아들은 우유를 싫어하고, 딸은 콜라를 싫어합니다.

문형설명

1) 「~はナ형용사で, ~はナ형용사 です」는 「~는~이고, ~는~이다」의 의미로 병렬문 나타낸다.

관련어휘

① 職業(직업)

- □ アナウンサー 아나운서
- □ 歌手 가수
- □ スポーツ選手 스포츠선수
- □ 企業家 기업인
- □ 弁護士 변호사
- □ 教師 교사
- □ 俳優 배우
- □ 記者 기자
- □ 小説家 소설가
- □ 商人 상인
- □ 医者 의사
- □ 銀行員 은행원

문형연습
다음 문장을 일본어로 바꾸시오.

1 이군은 발음이 정확하고, 박군은 부정확합니다.

2 할아버지는 건강하고, 할머니는 병약합니다.

3 관광버스는 깨끗하고, 가이드는 친절합니다.

4 역앞은 북적거리고, 서점은 한산합니다.

5 일본의 치안은 안전하고, 이라크는 불안합니다.

6 형의 성격은 태평하고, 남동생의 성격은 급합니다.

단어힌트

정확하다	正確(せいかく)だ	부정확하다	不正確(ふせいかく)だ
병약하다	病弱(びょうじゃく)だ	관광버스	観光(かんこう)バス
역전	駅前(えきまえ)	한산하다	閑散(かんさん)だ
치안	治安(ちあん)	느긋하다	のんきだ
급하다	短気(たんき)だ(せっかちだ)		

夏が過ぎると、すぐ風が涼しくなります。

① 夏が過ぎると、すぐ風が涼しくなります。
여름이 지나면, 금방 바람이 서늘해집니다.

② 人がたくさん集まると、騒がしくなります。
사람이 많이 모이면, 소란스러워집니다.

③ 部屋が昨日より汚くなりました。
방이 어제보다 더러워졌습니다.

④ 日本語がどんどんおもしろくなります。
일본어가 점점 재미있어집니다.

⑤ この店に来ると、新しい靴が欲しくなります。
이 가게에 오면, 새 구두가 갖고 싶어집니다.

⑥ 10年も乗った車ですから、もうずいぶん古くなりました。
10년이나 탄 차여서, 이젠 상당히 낡았습니다.

1) 「イ형용사(く)+なる」은 「~해 지다」의 의미로 변화를 나타낸다.

2) イ형용사 뒤에 「なる」가 오면 어미 「い」→「く」로 바꾼다.

　　美しい　　→　　美しくなる　　아름다워지다

　　おもしろい　→　おもしろくなる　재미있어지다

　　涼しい　　→　　涼しくなる　　시원해지다

　　暑い　　　→　　暑くなる　　　더워지다

① 一年(일년)

　□ 一月・二月・三月・四月・五月・六月・七月・八月・九月・十月・
　　十一月・十二月

문형연습
다음 문장을 일본어로 바꾸시오.

1 나이를 먹으면 머리카락이 하얗게 됩니다.

✎ _____

2 가을이 되면 단풍으로 산이 붉어집니다.

✎ _____

3 눈이 녹으면 거리가 지저분해집니다.

✎ _____

4 이 화장품을 사용하면, 누구라도 예뻐집니다.

✎ _____

5 수험생이 되어 공부가 바빠졌습니다.

✎ _____

6 어제 사온 떡이 딱딱해 졌습니다.

✎ _____

단어힌트

나이를 먹다	年(とし)をとる	머리카락	髪(かみ)の毛(け)
단풍	紅葉(こうよう)・もみじ	눈이 녹다	雪(ゆき)が溶(と)ける
지저분하다・더럽다	汚(きたな)い	화장품	化粧品(けしょうひん)
수험생	受験生(じゅけんせい)	바쁘다	忙(いそが)しい
떡	おもち	딱딱하다	かたい

Unit 034

この会社に勤めてから、ずいぶんまじめになりました。

① この会社に勤めてから、ずいぶんまじめになりました。
이 회사에 근무하고 나서, 상당히 성실해 졌습니다.

② 戦争も終って、我が国も平和になりました。
전쟁도 끝나고, 우리나라도 평화로워졌습니다.

③ 高麗人参を食べて、前より元気になりました。
고려인삼을 먹고, 전보다 건강해졌습니다.

④ 試験が終って、心も体も楽になりました。
시험이 끝나서 마음도 몸도 편안해졌습니다.

⑤ 公務員は昔に比べると、ずいぶん親切になりました。
공무원은 옛날에 비하면 상당히 친절해졌습니다.

⑥ 彼の英語の発音ははじめの頃より、正確になりました。
그의 영어 발음은 처음보다 정확해졌습니다.

문형설명

1) 「ナ형용사(に)+なる」는 「~해 지다」의 의미로 변화를 나타낸다.

2) 「ナ형용사」의 뒤에 「なる」가 오면 어미 「だ」→「な」로 바꾼다.

    まじめだ → まじめになる   성실해지다

    親切だ → 親切になる   친절해지다

    元気だ → 元気になる   건강해지다

    上手だ → 上手になる   능숙해지다

다음 문장을 일본어로 바꾸시오.

1 이스라엘도 평화롭게 되었습니다.

✎ _____

2 약을 먹고 코막힘이 편해졌습니다.

✎ _____

3 열심히 공부해서 일본어가 능숙해졌습니다.

✎ _____

4 오래 간 만에 대청소를 해서 방이 깨끗해졌습니다.

✎ _____

5 퇴원 후 건강해져서 정말 안심입니다.

✎ _____

6 더운 여름이 지나고 바람도 상쾌해 졌습니다.

✎ _____

단어힌트

이스라엘	イスラエル	코 막힘	鼻（はな）づまり
오랜만에	久（ひさ）しぶりに	대청소	大掃除（おおそうじ）
퇴원	退院（たいいん）	안심이(하)다	安心（あんしん）だ
상쾌하다	そうかいだ		安心（あんしん）する

Unit 035

お金をためてから、海外旅行に行くつもりです。

❶ お金をためてから、海外旅行に行くつもりです。
돈을 모아서, 해외여행을 갈 생각입니다.

❷ 面接してから、採用を決めるつもりです。
면접을 보고 나서, 채용을 결정할 예정입니다.

❸ 部屋の掃除をしてから、テレビを見ます。
방 청소를 하고 나서, TV를 보겠습니다.

❹ 仕事が終ってから、一緒に食事でもしましょう。
일이 끝나고 나서, 함께 식사라도 합시다.

❺ しばらく家で休んでから、新しい仕事を探してみます。
당분간 집에서 쉬고 나서, 새로운 일을 찾아보겠습니다.

❻ まずその国の言葉を習ってから、留学するのはいかがですか。
우선 그 나라의 말을 익히고 나서, 유학하는 것은 어떻습니까?

1) 「동사+てから」는 「~하고 나서, ~한 다음」의 의미로 전반부가 완료된 후, 후반부가 계속되는 문장을 나타낸다.

① 面接(면접)

- □ 面接官 면접관
- □ 履歴書 이력서
- □ コネ 연줄
- □ 自己紹介状 자기소개서
- □ 面接者 면접자
- □ 求人広告 구인광고
- □ 採用 채용
- □ 推薦状 추천서

문형연습

다음 문장을 일본어로 바꾸시오.

1 선을 보고 나서 결혼할 생각입니다.

✎ _____

2 복습을 하고 나서 새로운 내용을 공부하겠습니다.

✎ _____

3 당신은 집에 돌아가고 나서 무엇을 합니까?

✎ _____

4 공원을 산책하고 나서 아침을 먹습니다.

✎ _____

5 테니스를 치고 나서 샤워를 합니다.

✎ _____

6 대학교를 졸업하고 나서 대학원에 진학하겠습니다.

✎ _____

단어힌트

선을 보다	お見合いをする	복습	復習
새로운 내용	新しい内容	샤워를 하다	シャワーを浴びる
대학원	大学院	진학하다	進学する

Unit 036

今日の作業はもう終りましたか。
いいえ、まだ残っています。

■ 100으로 따라하는 **일본어 문형 통달하기**

① 今日の作業はもう終りましたか。いいえ、まだ残っています。
오늘의 작업은 이제 끝났습니까? 아니오, 아직 남았습니다.

② 人々はみんな帰りましたか。いいえ、まだ会場に残っています。
사람들은 모두 집에 돌아갔습니까? 아니오, 아직 회장에 있습니다.

③ かぜぐすりは飲みましたか。いいえ、まだ飲んでいません。
감기 약을 먹었습니까? 아니오, 아직 안 먹었습니다.

④ ゴミは出しましたか。いいえ、まだ台所に置いています。
쓰레기는 내놓았습니까? 아니오, 아직 부엌에 놓여 있습니다.

⑤ 船は海に沈みましたか。いいえ、まだ海に浮かんでいます。
배는 바다에 가라앉았습니까? 아니오, 아직 바다에 떠 있습니다.

⑥ 兵士はみんな逃げましたか。いいえ、まだお城を守っています。
병사는 모두 도망쳤습니까? 아니오, 아직 성을 지키고 있습니다.

문형설명

1) 「완료형으로 질문하고, 미완료형으로 대답하는 문장」이다. 이때 형태는 「~ている」형이지만, 해석은 「~했습니다」하는 경우가 있다.(예문 1 3 4의 경우)

① 病気(병)

- ☐ 食中毒 식중독
- ☐ 鼻づまり 코 막힘
- ☐ げり 설사
- ☐ 吐き気 구토증
- ☐ せき 기침
- ☐ 頭痛 두통
- ☐ 目眩 현기증
- ☐ 歯痛(歯痛) 치통

문형연습
다음 문장을 일본어로 바꾸시오.

1 차표는 샀습니까? 아니오, 아직 사지 않았습니다.
　✎ _____

2 미국에 전화를 걸었습니까? 아니오, 아직 걸지 않았습니다.
　✎ _____

3 오늘 일은 전부 끝났습니까? 아니오 아직 끝나지 않았습니다.
　✎ _____

4 김군은 결혼했습니까? 아니오 아직 하지 않았습니다.
　✎ _____

5 브라운씨는 귀국했습니까? 아니오 아직 귀국하지 않았습니다.
　✎ _____

6 학생들은 모두 돌아갔습니까. 아니오, 아직 교실에서 공부하고 있습니다.
　✎ _____

단어힌트

| 차표 | 切符(きっぷ) | / | 귀국하다 | 帰国(きこく)する |

Unit 037

先生せんせいからの手紙てがみを3回かいも読よみました。

① 先生せんせいからの手紙てがみを3回かいも読よみました。

선생님으로부터 받은 편지를 3번이나 읽었습니다.

② 父ちちからの誕生日たんじょうびのプレゼントは今いまも忘わすれません。

아버지로부터 받은 생일선물은 지금도 잊지 못합니다.

③ 母ははからの贈おくり物ものを彼女かのじょに渡わたしたいです。

어머니로부터의 선물을 그녀에게 전하고 싶습니다.

④ 犯人はんにんからの電話でんわは心配しんぱいしなくてもいいです。

범인으로부터의 전화는 걱정하지 않아도 좋습니다.

⑤ 旅先たびさきからの葉書はがきは大変たいへんうれしいものです。

여행지에서 보내온 엽서는 굉장히 기쁜 것입니다.

⑥ これは私わたしからのこころざしですから、どうか受うけ取とってください。

이것은 내 성의(마음)이니까 부디 받아 주십시오.

1) 「명사+からの+명사」은 「~으로부터의」의 의미로 장소・공간의 출발점, 동작・작용의 시작을 나타낸다.

① 贈<small>おく</small>り物<small>もの</small>(선물)

☐ プレゼント 일반적 선물 ☐ お土産<small>みやげ</small> 토산품

☐ お中元<small>ちゅうげん</small> 추석 선물 ☐ お歳暮<small>せいぼ</small> 설날 선물

다음 문장을 일본어로 바꾸시오.

1 이군은 애인으로부터의 편지를 기다리고 있습니다.

　✎ _____

2 바나나는 외국으로부터의 수입산이 대부분입니다.

　✎ _____

3 어제 시골의 어머니로부터 소포가 도착했습니다.

　✎ _____

4 국민으로부터의 불만을 먼저 해결하겠습니다.

　✎ _____

5 5월은 항상 일본에서의 관광객이 제일 많습니다.

　✎ _____

6 국민으로부터의 불신을 무엇보다 걱정하고 있습니다.

　✎ _____

단어힌트

애인	恋人(こいびと)	소포	小包(こづつみ)
수입산	輸入産(ゆにゅうさん)	(소포 등이)도착하다	届く(とどく)
불만	不満(ふまん)	먼저	まず
해결	解決(かいけつ)	관광객	観光客(かんこうきゃく)
불신	不信(ふしん)	무엇보다	何(なに)より

Unit 038

A地点からB地点までの距離はけっこう遠いです。

① A地点からB地点までの距離はけっこう遠いです。
A지점에서 B지점까지의 거리는 꽤 멉니다.

② 3階から5階までの掃除は後でしましょう。
3층에서 5층까지의 청소는 나중에 합시다.

③ 小学校から大学までの教育費はいくらですか。
초등학교에서 대학교까지의 교육비는 얼마입니까?

④ 19世紀から20世紀までの変化ははげしいです。
19세기부터 20세기까지의 변화는 급격합니다.

⑤ 60才から70才までのお年寄りは無料です。
60세부터 70세까지의 노인은 무료입니다.

⑥ 新入社員から課長までの男子社員は教育に参加します。
신입사원부터 과장까지의 남자사원은 교육에 참가합니다.

1) 「명사+までの+명사」는 「~까지의」의 의미로 시간·장소·범위를 나타낸다.

① ~階(층수)

□ 一階・二階・三階・四階・五階・六階・七階・八階・九階・十階

문형연습
다음 문장을 일본어로 바꾸시오.

1 초급에서 중급까지의 과정을 공부하고 있습니다.
　✎ _____

2 우에노역에서 후쿠오카까지의 차표를 사주세요.
　✎ _____

3 1위에서 10위까지의 사람은 전원 합격입니다.
　✎ _____

4 집에서 공중목욕탕까지의 거리는 약 500M 입니다.
　✎ _____

5 토요일 심야까지의 아르바이트는 매우 피곤합니다.
　✎ _____

6 오후 6시까지의 근무시간에는 외출할 수 없습니다.
　✎ _____

단어힌트

초급	初級(しょきゅう)	중급	中級(ちゅうきゅう)
합격	合格(ごうかく)	공중목욕탕	銭湯(せんとう)
심야	深夜(しんや)	피곤하다	疲(つか)れる
근무시간	勤務時間(きんむじかん)		

Unit 039

バナナの皮はむきやすいです。

❶ バナナの皮はむきやすいです。

바나나 껍질은 벗기기 쉽습니다.

❷ この機械は今までの物より使いやすいです。

이 기계는 지금까지의 것보다 사용하기 쉽습니다.

❸ あなたの日本語は分りやすくて助かります。

당신의 일본어는 알기 쉬워서 도움이 됩니다.

❹ いかは骨がなくて食べやすいです。

오징어는 뼈가 없어서 먹기 쉽습니다.

❺ カレーライスは簡単で作りやすい食べ物です。

카레라이스는 간단하고 만들기 쉬운 음식입니다.

❻ 雪が降って滑りやすいですから足元に気を付けてください。

눈이 내려서 미끄러지기 쉬우니 발 밑을 주의하세요.

1) 「동사+やすい」는 「~하기 쉽다」의 의미로 동작・작용이 쉽다, 저항이 없음을 나타낸다

2) 「~やすい」는 동사의 「ます」형에 접속한다.

　　食べる　→　食べやすい　　먹기 쉽다

　　作る　→　作りやすい　　만들기 쉽다

　　する　→　しやすい　　하기 쉽다

　　分かる　→　分かりやすい　　알기 쉽다

① 魚(생선)

　□ いか　오징어　　　□ たこ　문어
　□ さんま　꽁치　　　□ えび　새우
　□ ほっけ　이면수　　□ 太刀魚　갈치
　□ さば　고등어　　　□ たい　도미
　□ ひらめ　광어　　　□ かに　게

100으로 따라하는 일본어 문형 통달하기

다음 문장을 일본어로 바꾸시오.

1 이 영어사전은 글씨가 커서 읽기 쉽습니다.

✎ _____

2 새 기계는 사용하기 쉽습니다.

✎ _____

3 대형 세탁기는 커서 세탁하기 쉽습니다.

✎ _____

4 라면은 간단하고 만들기 쉬운 음식입니다.

✎ _____

5 이 장난감은 누구든지 조립하기 쉽습니다.

✎ _____

6 한국사람에게 일본어는 배우기 쉬운 외국어입니다.

✎ _____

단어힌트

기계	機械(きかい)	대형세탁기	大型洗濯機(おおがたせんたくき)
세탁하다	洗濯(せんたく)する	간단하다	簡単(かんたん)だ
조립하다	組(く)(み)立(た)てる		

Unit 040

歯が悪くてかたいものは食べにくいです。

■ 100으로 따라하는 **일본어 문형 통달하기**

❶ 歯が悪くてかたい物は食べにくいです。

이가 나빠서 딱딱한 음식은 먹기 힘듭니다.

❷ 字が小さくて読みにくい本もあります。

글씨가 작아서 읽기 어려운 책도 있습니다.

❸ 母一人では家庭を支えにくいものです。

어머니 혼자서는 가정을 지탱하기 어려운 것입니다.

❹ こんな大きい筆では描きにくいです。

이런 큰 붓으로는 그리기 어렵습니다.

❺ 足が痛くて歩きにくいからちょっと休みましょう。

발이 아파서 걷기 힘드니까 좀 쉽시다.

❻ 初心者には撮りにくいカメラです。

초보자에게는 찍기 어려운 카메라입니다.

 문형설명

1) 「동사+にくい」는 「~하기 어렵다(힘들다)」의 의미로 동작·작용이 어렵다. 저항이 있음을 나타낸다.

2) 「~にくい」는 동사의 「ます」형에 접속한다.

　歩く　→　歩きにくい　걷기 어렵다

　読む　→　読みにくい　읽기 어렵다

　食べる　→　食べにくい　먹기 어렵다

　書く　→　書きにくい　쓰기 어렵다

　治る　→　治りにくい　낫기 어렵다

 관련어휘

① ~者(~사람)

　☐ 怠け者　게으름뱅이　　☐ のんき者　낙천가

　☐ よそ者　타관사람　　　☐ おろか者　어리석은 사람

　☐ 若者　젊은이　　　　　☐ 幸福者　행복한 사람

 **문형연습**

다음 문장을 일본어로 바꾸시오.

1 당신의 글씨는 작아서 알아보기 어렵습니다.

✎ _____

2 짧고 가는 펜은 쓰기 어렵습니다.

✎ _____

3 사막에서는 누구든지 걷기 힘듭니다.

✎ _____

4 게는 맛있지만 먹기 힘든 생선입니다.

✎ _____

5 무좀은 좀처럼 낫기 어렵습니다.

✎ _____

6 한자는 서양인에게는 쓰기 어려운 문자입니다.

✎ _____

단어힌트

가늘다	細(ほそ)い	사막	砂漠(さばく)
게	かに	무좀	水虫(みずむし)
낫다	治(なお)る	문자	文字(もじ)
서양인	西洋人(せいようじん)		

Unit 041

あなたはお金持ちだから何でも買えますね。

1 あなたはお金持ちだから何でも買えますね。
　당신은 부자니까 뭐든지 살 수 있겠네요.

2 明日は休日だから家でゆっくりテレビでも見ます。
　내일은 휴일이니까 집에서 편안히 TV라도 보겠습니다.

3 この宝石はオーストラリア産だから多少高いです。
　이 보석은 호주 산이라서 다소 비쌉니다.

4 スイス製の時計だからとても人気があります。
　스위스제 시계라서 굉장히 인기가 있습니다.

5 今、外は雨だから外出は止めましょう。
　지금, 밖은 비가 내리니까 외출은 그만둡시다.

6 国の事だからみんな力を合わせましょう。
　나라 일이니까 모두 힘을 합칩시다.

1) 「명사+だから」은 「~니까(이라서)」의 의미로 후반부의 원인·이유를 나타낸다.

① 国名(나라이름)

□ タイ　태국　　　　　　　　□ フィリピン　필리핀
□ オーストラリア　오스트레일리아　□ オーストリア　오스트리아
□ マレーシア　말레지아　　　　□ トルコ　터어키
□ チリ　칠레　　　　　　　　□ シンガポール　싱가포르

문형연습
다음 문장을 일본어로 바꾸시오.

1 오늘은 비가 내리니까 운동장에서의 연습은 쉬겠습니다.

✏ _____

2 당신은 미성년자이니까 이 영화는 볼 수 없습니다.

✏ _____

3 내일이 마감이어서, 오늘 밤 늦게까지 작업합니다.

✏ _____

4 9시부터 수업이니까 지금 출발합시다.

✏ _____

5 어머니가 10년 동안 모은 돈이니까 소중하게 써주세요.

✏ _____

6 그는 환자라서 지금도 치료를 받고 있습니다.

✏ _____

단어힌트

연습	練習(れんしゅう)	미성년자	未成年者(みせいねんしゃ)
마감	締(し)め切(き)り	모으다·저축하다	ためる
환자	患者(かんじゃ)	소중하다	大切(たいせつ)だ
치료를 받다	治療(ちりょう)を受(う)ける		

Unit 042

約束は守るから信じてください。

❶ 約束は守るから信じてください。
약속은 지킬테니까 믿어주세요.

❷ 洗濯機は時間がかかるから手洗いにします。
세탁기는 시간이 걸리니까 손빨래를 합니다.

❸ 窓を開けるから素晴らしい景色を楽しんでください。
창문을 열 테니까 멋진 경치를 즐겨 주십시오.

❹ 私は先に行くからあなたは後で来てください。
나는 먼저 갈 테니까 당신은 나중에 와 주십시오.

❺ 人が聞いているから悪口は止めてください。
남이 듣고 있으니까 험담은 그만해 주십시오.

❻ 一人で住んでいるから時々寂しくなる時もあります。
혼자서 살고 있어서 때때로 쓸쓸해질 때도 있습니다.

 문형설명

1) 「동사+から」은 「~니까(이라서)」의 의미로 후반부의 원인·이유를 나타낸다.

 관련어휘

① 家庭電気製品(가전제품)

- 冷蔵庫 냉장고
- 電子レンジ 전자렌지
- 湯沸し器 비탕기
- 電気がま(炊飯器) 전기밥솥
- 洗濯機 세탁기
- コーヒーメッカ 커피메이커
- クーラー 에어콘
- 扇風機 선풍기

다음 문장을 일본어로 바꾸시오.

1 살찌니까 초코렛은 먹지 않습니다.

2 수업에 지각 하니까 서두르세요.

3 남편은 9시에 돌아오니까 그때 다시 전화해 주세요.

4 오후부터 눈이 내리니까 등산은 그만둡시다.

5 지금부터 회의가 있으니까 1시간정도 기다려주세요.

6 서양사람은 고기를 많이 먹으니까 살이 찝니다.

단어힌트

살찌다	太(ふと)る	초코렛	チョコレート
지각하다	遅刻(ちこく)する	서두르다	急(いそ)ぐ
남편	主人(しゅじん) (*남의 남편 ご主人(しゅじん))		
등산	山登(やまのぼ)り (*登山(とざん)은 장비를 제대로 갖춘 본격 등반)		

風が強いから、窓を閉めてください。

① 風が強いから、窓を閉めてください。

바람이 세니까 창문을 닫아주세요.

② 今度のテストは難しいから、いい成績は期待できません。

이번 테스트는 어려워서 좋은 성적은 기대할 수 없습니다.

③ この映画はこわいから、子供の入場はお断りします。

이 영화는 무서워서 어린이 입장은 거절하겠습니다.

④ 韓国の焼物は素晴らしいから、外国人にも人気があります。

한국의 도자기는 훌륭해서 외국인에게도 인기가 있습니다.

⑤ プールの水は温いから、泳ぎやすいです。

풀장의 물은 미지근해서 수영하기 쉽습니다.

⑥ 背が高いから、どんな服でもよく似合いますね。

키가 커서 어떤 옷이라도 잘 어울리네요.

1) 「イ형용사＋から」는 「～니까(이라서)」의 의미로 후반부의 원인·이유를 나타낸다.

① スポーツセンター(스포츠 센터)
- プール 수영장
- 野球場(やきゅうじょう) 야구장
- 武道場(ぶどうじょう) 무도장
- テニスコート 테니스 코트
- ゴルフ場(じょう) 골프장

다음 문장을 일본어로 바꾸시오.

1 선생님의 목소리는 작아서 잘 들리지 않습니다.
　✎ _____

2 이 구두는 당신에게는 크니까 다른 것을 신어 보세요.
　✎ _____

3 이 야채는 오래됐으니까 사지 않는 편이 좋습니다.
　✎ _____

4 이 호텔은 비싸니까 좀 싼 곳으로 갑시다.
　✎ _____

5 오늘은 시원하니까 에어컨은 켜지 마세요.
　✎ _____

6 회사가 멀어서 아침 일찍 집을 나옵니다.
　✎ _____

단어힌트

목소리	声(こえ)	들리다	聞(き)こえる
(신발을)신다	はく	에어컨을 켜다	クーラーをつける
시원하다	涼(すず)しい	싼곳	安(やす)い所(ところ)

Unit 044

このヘアスタイルは嫌いだからほかのスタイルに変えてください。

① このヘアスタイルは嫌いだからほかのスタイルに変えてください。

이 헤어스타일은 싫으니까 다른 스타일로 바꿔 주십시오.

② 父はあいかわらず健康だから家族みんなは安心しています。

아버지는 여전히 건강해서 가족은 모두 안심하고 있습니다.

③ 酒場はいつも若者で賑やかだからよく行きます。

술집은 항상 젊은이들로 북적거려서 자주 갑니다.

④ 時間に間に合わないと大変だから急いでください。

제시간에 대지 못하면 큰일이니까 서둘러 주세요.

⑤ 李君は素直だから私に何でも話してくれます。

이군은 솔직해서 나에게 뭐든지 이야기 해 줍니다.

⑥ 彼女は派手だから男の人はみんな彼女に関心を持っています。

그녀는 화려해서 남자들은 모두 그녀에게 관심을 가지고 있습니다.

 **문형설명**

1) 「ナ형용사＋から」는 「～니까(이라서)」의 의미로 후반부의 원인·이유를 나타낸다.

 **관련어휘**

① ヘアスタイル(헤어스타일)

- □ カット 커트
- □ パーマ 퍼머
- □ 丸坊主 빡빡머리
- □ 丸刈り 바싹 깎음
- □ レイヤーカット 층진 머리
- □ おかっぱ 단발머리
- □ スポーツ刈り 스포츠형 머리
- □ 角刈り 네모지게 깎음

문형연습
다음 문장을 일본어로 바꾸시오.

1 PC는 편리해서 많은 사람들이 사용하고 있습니다.

✎ _____

2 내일은 한가하니까 영화라도 보러 갈까요?

✎ _____

3 당신은 영어를 잘하니까 미국인 친구도 많겠지요?

✎ _____

4 일본인은 매우 친절하니까 걱정하지 마세요.

✎ _____

5 수영이 서투니까 바다에서는 하지 않습니다.

✎ _____

6 성격이 온화하니까 친구가 많이 있습니다.

✎ _____

단어힌트

PC	パソコン	한가하다	ひまだ
수영	水泳・泳ぎ	온화하다	穏やかだ
성격	性格		

私は長男なので親と一緒に住んでいます。

① 私は長男なので親と一緒に住んでいます。
나는 장남이라서 부모님과 함께 살고 있습니다.

② 彼は正直者なのでみんな彼を信頼しています。
그는 정직한 사람이라서 모두 그를 신뢰하고 있습니다.

③ 私たちは双子なので人によく間違われます。
우리들은 쌍둥이라서 사람들이 자주 혼동합니다.

④ ここは大都会なので公害がひどいです。
여기는 대도시라서 공해가 심합니다.

⑤ 今はラッシュアワーなので道路が大変混み合っています。
지금은 러쉬아워라서 도로가 굉장히 붐비고 있습니다.

⑥ 車が故障なので修理が終るまではどこにも行けません。
차가 고장나서 수리가 끝날 때까지는 아무데도 갈 수 없습니다.

1) 「명사+なので」는 「~이라서」의 의미로 후반부의 원인·이유를 나타낸다.

① 兄弟(형제)

- 長男 장남
- 三男 셋째아들
- 長女 장녀
- 三女 셋째 딸
- 次男 차남
- 末っ子 막내
- 次女 차녀
- 一人っ子 독자

문형연습

다음 문장을 일본어로 바꾸시오.

1 오늘은 아침부터 비라서 아무데도 가지 않았습니다.

　✏ _____

2 남동생은 거짓말쟁이라서 아무도 신용하지 않습니다.

　✏ _____

3 박군은 겁쟁이라서 공포 영화는 보지 않습니다.

　✏ _____

4 그는 등산가라서 험한 산도 잘 오릅니다.

　✏ _____

5 나는 젊은이라서 꿈도 큽니다.

　✏ _____

6 그녀는 미인이라서 어디서나 눈에 뜁니다.

　✏ _____

단어힌트

아무데도	どこにも	거짓말쟁이	嘘つき
신용하다	信用する	겁쟁이	弱虫
험하다	険しい	꿈	夢
눈에 띄다	目立つ	등산가	登山家

Unit 046

銀行からお金を借りたので、しばらくは生活できるでしょう。

---

❶ 銀行からお金を借りたので、しばらくは生活できるでしょう。
은행에서 돈을 빌렸으니까 당분간은 생활할 수 있겠죠.

❷ 今日は疲れたので、早く帰って休みたいです。
오늘은 지쳐서 빨리 돌아가서 쉬고 싶습니다.

❸ 新聞を読まなかったので、昨日の事件に関しては何も分りません。
신문을 읽지 않아서 어제 사건에 관해서는 아무것도 모릅니다.

❹ 雨が降ったので、試合は中止されました。
비가 내려서 시합은 중지되었습니다.

❺ 名前を変えたので、その人を捜すのに苦労しました。
이름을 바꾸어서 그 사람을 찾는 데에 고생했습니다.

❻ 春がやってきたので、人々の表情も明るくなりました。
봄이 와서 사람들의 표정도 밝아졌습니다.

문형설명

1) 「동사+ので」는 「~니까(이라서)」의 의미로 후반부의 원인·이유를 나타낸다.

관련어휘

① 日本の貨幣(일본의 화폐)

□ 一円・五円・十円・百円・五百円・千円・二千円・五千円・一万円

문형연습
다음 문장을 일본어로 바꾸시오.

1 6년 만에 대학을 졸업해서 정말 기쁩니다.

2 감기에 걸려서 식욕이 전혀 없습니다.

3 오늘은 피곤하니까 공부는 그만둡시다.

4 부모님께 답장이 왔기 때문에 안심하고 있습니다.

5 푹 쉬어서 몸 상태가 좋아졌습니다.

6 청소를 하지 않아서 먼지가 심합니다.

단어힌트

6년 만에	六年ぶりに	기쁘다	嬉しい
식욕	食欲	답장	返事
푹 쉬다	ぐっすり休む	몸 상태	体の調子
먼지	ほこり	심하다	ひどい
청소	掃除		

Unit 047

かぜがひどいので会社を休みました。

❶ かぜがひどいので会社を休みました。

감기가 심해서 회사를 쉬었습니다.

❷ 父は仕事が忙しいのでいつも帰りが遅いです。

아버지는 일이 바빠서 언제나 귀가가 늦습니다.

❸ 夏休みは長いので海外旅行もできます。

여름방학은 길어서 해외여행도 가능합니다.

❹ うちの子供は体が弱いので病院通いが多いです。

우리 집 아이는 몸이 약해서 병원을 다니는 일이 많습니다.

❺ 大都会の空気は汚いので休日はいつも山へ行きます。

대도시의 공기는 오염되어서 휴일은 항상 산에 갑니다.

❻ 回りがうるさいので勉強ができない時もあります。

주위가 시끄러워서 공부를 할 수 없는 때도 있습니다.

1) 「イ형용사＋ので」는 「～니까(이라서)」의 의미로 후반부의 원인·이유를 나타낸다.

① 病院(병원)

- 医者 의사
- 検査 검사
- 診療 진료
- 症状 증상
- 退院 퇴원
- 看護婦 간호사
- 処方箋 처방전
- 救急車 구급차
- 入院 입원

다음 문장을 일본어로 바꾸시오.

1 외국에서의 생활은 외로워서 친구에게 편지를 자주 씁니다.

2 집안이 환해서 기분도 좋습니다.

3 코트가 낡아서 그다지 따뜻하지 않습니다.

4 급료가 적어서 생활이 힘듭니다.

5 그녀는 귀여워서 사람들에게 인기가 있습니다.

6 홋카이도의 여름은 시원해서 에어컨은 필요 없습니다.

단어힌트

| 밝다·환하다 | 明(あか)るい | 힘들다 | 大変(たいへん)だ |
| 필요하다 | 要(い)る · 必要(ひつよう)だ | 홋카이도 | 北海道(ほっかいどう) |

Unit 048

点数が同じなので二人とも合格です。

100으로 따라하는 **일본어 문형 통달하기**

① 点数が同じなので二人とも合格です。
   점수가 같아서 두 명 다 합격입니다.

② りんごが好きなので一日に5個も食べます。
   사과를 좋아해서 하루에 5개나 먹습니다.

③ この街は賑やかなので若者たちがたくさん集まります。
   이 거리는 번화해서 젊은이들이 많이 모입니다.

④ 性格が朗らかなので人に人気があるタイプです。
   성격이 쾌활해서 사람들에게 인기가 있는 타입입니다.

⑤ 色があまり地味なので晴れ着には似合わないです。
   색깔이 너무 수수해서 나들이옷으로는 어울리지 않습니다.

⑥ A商品の品質は確かなのでよく売れると思います。
   A상품의 품질은 확실하니까 잘 팔릴 겁니다.

 문형설명

1) 「ナ형용사＋なので」는 「～니까(이라서)」의 의미로 후반부의 원인·이유를 나타낸다.

 관련어휘

① 個数(개수)
  一個・二個・三個・四個・五個・六個・七個・八個・九個・十個
  いっこ・にこ・さんこ・よんこ・ごこ・ろっこ・ななこ・はちこ・きゅうこ・じっこ

Q 문형연습

다음 문장을 일본어로 바꾸시오.

1 박군의 독일어는 훌륭해서 모두 놀랐습니다.

✎ _____

2 도서관은 조용해서 밤늦게까지 공부합니다.

✎ _____

3 이 오이는 신선해서 어제보다 조금 비쌉니다.

✎ _____

4 부모님이 건강해서 무엇보다 안심입니다.

✎ _____

5 도쿄는 지하철이 편리해서 자동차는 필요 없습니다.

✎ _____

6 우동을 좋아해서 매일 먹습니다.

✎ _____

단어힌트

놀라다	驚く	밤늦게까지	夜遅くまで
오이	きゅうり	우동	うどん

Unit 049

試験に合格した時は、本当にうれしかったです。

① 試験に合格した時は、本当にうれしかったです。
시험에 합격했을 때는 정말로 기뻤습니다.

② 財布を落とした時は、まず警察に届けてください。
지갑을 잃어버렸을 때는 우선 경찰에 신고해 주세요.

③ はじめて彼に会った時は、あまりいい印象ではありませんでした。
처음 그를 만났을 때는 그다지 좋은 인상이 아니었습니다.

④ 試合に勝った時、選手全員は歓声をあげました。
시합에 이겼을 때 선수전원은 환성을 질렀습니다.

⑤ 目が覚めた時、外はひどい雨でした。
잠이 깼을 때 밖은 굉장한 비가 내리고 있었습니다.

⑥ マイホームを建てた時、両親は嬉し涙を流しました。
내 집을 지었을 때 부모님은 기쁨의 눈물을 흘렸습니다.

1) 「동사た형+ときは 」은 「~했을 때는」의 의미로 후반구가 성립한 때·상황을 나타낸다.

① 日本の住宅(일본의 주택)

☐ アパート 다세대 주택   ☐ マンション 아파트
☐ 一戸建て 단독주택   ☐ 平屋 단층집
☐ 別荘 별장   ☐ 官舎 관사
☐ 分譲住宅 분양주택   ☐ 市営住宅 시영임대 주택

다음 문장을 일본어로 바꾸시오.

1 일본에 갔을 때 깨끗한 거리를 보고 부러웠습니다.

_____

2 시드니의 오페라하우스를 봤을 때는 정말 감격했습니다.

_____

3 첫손자가 태어났을 때는 정말 기뻤습니다.

_____

4 애인과 헤어졌을 때는 정말 슬펐습니다.

_____

5 그 소문을 들었을 때는 거짓말이라고 생각했습니다.

_____

6 복권이 당첨되었을 때는 기뻤습니다.

_____

단어힌트

놀라다	びっくりする・驚く	오페라하우스	オペラハウス
감격하다	感激する	첫손자	初孫・初孫
소문	うわさ	복권	宝くじ
당첨되다	当たる	거짓말	うそ

Unit 050

歌を歌う前に、マイクテストをします。

■ 100으로 따라하는 **일본어 문형 통달하기**

❶ 歌を歌う前に、マイクテストをします。
노래를 부르기 전에 마이크 테스트를 합니다.

❷ 泳ぐ前に、必ず準備運動するのを忘れません。
수영하기 전에 반드시 준비운동 하는 것을 잊지 않습니다.

❸ 電車が出発する前に、別れのあいさつをしました。
전철이 출발하기 전에 작별인사를 했습니다.

❹ 手編みのセーターを編む前に、毛糸を色別に分けます。
손 뜨게 스웨터를 뜨기 전에 털실을 색깔별로 분류합니다.

❺ 食事をする前に、手を洗うように何度も言っていました。
식사를 하기 전에 손을 씻도록 몇 번이나 말했습니다.

❻ 夫が帰る前に、洗濯や家の掃除をします。
남편이 돌아오기 전에 세탁과 집 청소를 합니다.

 **문형설명**

1) 「동사종지형 + 前に」은「~하기 전에」의 의미로 시간의 전후관계를 나타내는데, 후반구의 일이 선행된다.

 **관련어휘**

① 家事(가사)

- ☐ 洗濯 세탁
- ☐ 洗い物 설거지
- ☐ 雑巾がけ 걸레질
- ☐ 掃除 청소
- ☐ 料理 요리
- ☐ 後片付け 뒷정리

 **문형연습**
다음 문장을 일본어로 바꾸시오.

1 한국을 떠나기 전에 가보고 싶은 곳이 있습니다.

✎ _____

2 외출하기 전에 반드시 문단속을 합니다.

✎ _____

3 약속장소에 가기 전에 나에게 전화해 주세요.

✎ _____

4 본문을 읽기 전에 먼저 목차를 읽어봅니다.

✎ _____

5 산에 오르기 전에 일기예보를 듣습니다.

✎ _____

6 수업을 시작하기 전에 출석을 부릅니다.

✎ _____

단 어 힌 트

문단속	戸締まり	외출하다	でかける
목차	目次	출석을 부르다	出席を取る

Unit 051

晩ご飯を食べた後、1時間ほどテレビを見ます。

1 晩ご飯を食べた後、1時間ほどテレビを見ます。
저녁밥을 먹은 후 1시간 정도 TV를 봅니다.

2 洗濯をした後、買い物に行くつもりです。
세탁을 한 후 쇼핑하러 갈 예정입니다.

3 会議が終わった後、電話します。
회의가 끝난 후 전화하겠습니다.

4 あなたと別れた後、私は悲しくて泣きました。
당신과 헤어진 후 나는 슬퍼서 울었습니다.

5 アメリカに着いた後、家族が一層懐かしくなりました。
미국에 도착한 후 가족이 한층 더 그리워졌습니다.

6 戦争が終った後、新しい都市に変わりました。
전쟁이 끝난 후 새로운 도시로 바뀌었습니다.

1) 「동사た형+後(で)」은 「~한 후(에)」의 의미로 시간의 전후관계를 나타내는데, 전반구의 일이 선행된다.

① デザート(디저트)

- [ ] アイスクリム　아이스크림
- [ ] ケーキ　케익
- [ ] コーヒー　커피
- [ ] 綠茶　녹차
- [ ] ココア　코코아
- [ ] 紅茶　홍차

다음 문장을 일본어로 바꾸시오.

1 수업이 끝난 후 교실 청소를 합니다.

2 대학을 졸업한 후 회사에 취직했습니다.

3 식사를 한 후 케익과 과일을 먹습니다.

4 커피를 마신 후 둘이서 영화를 봅니다.

5 숙제가 끝난 뒤 샤워를 합니다.

6 피아노를 친 후에 영어공부를 합니다.

단어힌트

| 케익 | ケーキ | 취직하다 | 就職(しゅうしょく)する |
| 피아노를 치다 | ピアノを弾(ひ)く | | |

Unit 052

寝る前に本を読んだり、音楽を聞いたりします。

① 寝る前に本を読んだり、音楽を聞いたりします。
자기 전에 책을 읽기도 하고, 음악을 듣기도 합니다.

② 冬休みの間にはピアノを弾いたり、ギターを弾いたりしました。
겨울방학 동안에는 피아노를 치기도 하고, 기타를 치기도 했습니다.

③ 日曜日には近くの公園を散歩したり、野球をしたりします。
일요일에는 가까운 공원을 산보하기도 하고, 야구를 하기도 합니다.

④ 寂しい時は友だちに手紙を書いたり、電話をかけたりします。
쓸쓸할 때는 친구에게 편지를 쓰기도 하고, 전화를 걸기도 합니다.

⑤ 台所で野菜を洗ったり、お皿を洗ったりします。
부엌에서 야채를 씻기도 하고, 접시를 씻기도 합니다.

⑥ 健康のために水泳をしたり、テニスをしたりします。
건강을 위해서 수영을 하기도 하고, 테니스를 치기도 합니다.

 문형설명

1) 「동사+たり、동사+たりする」은 「~하기도 하고, ~하기도 하다」의 의미로 동작, 작용을 열거해서 병렬관계를 나타낸다.

2) 「たり」는 「て」형에 연결된다.

見る → 見たり 보거나

書く → 書いたり 쓰거나

打つ → 打ったり 치거나

言う → 言ったり 말하거나

食べる → 食べたり 먹거나

する → したり 하거나

 관련어휘

① 楽器(악기)

- ピアノ 피아노
- バイオリン 바이올린
- トランペット 트럼펫
- ドラム 드럼
- 三味線 샤미센
- ギター 기타
- チェロ 첼로
- オーボエ 오보에
- 琴 거문고
- 笛 피리

 **문형연습**
다음 문장을 일본어로 바꾸시오.

1 일요일에는 영화를 보거나, 쇼핑을 하거나 합니다.

✎ _____

2 버스 안에서 노래를 부르거나, 게임을 하거나 합니다.

✎ _____

3 공장에서는 자동차를 만들거나, TV를 만들거나 합니다.

✎ _____

4 학생들은 매년 미국에 가거나, 영국에 가거나 합니다.

✎ _____

5 휴일에는 늦잠을 자거나, 요리를 하거나 합니다.

✎ _____

6 저녁에는 가벼운 운동을 하거나, 음악을 듣거나 합니다.

✎ _____

단어 힌트

게임을 하다	ゲームをする	공장	工場(こうじょう)
휴일	休(やす)みの日(ひ) · 休日(きゅうじつ)	늦잠을 자다	(朝(あさ))寝坊(ねぼう)をする

Unit 053

公園の前を行ったり来たりしている人はお年寄りばかりです。

①　公園の前を行ったり来たりしている人はお年寄りばかりです。
공원 앞을 왔다갔다하는 사람은 노인뿐입니다.

②　子供は何度もテレビをつけたり消したりして遊んでいます。
어린이는 몇 번이나 TV를 켰다 껐다하고 놀고 있습니다.

③　電話をかけたり、Eメールを送ったりして忙しい一日でした。
전화를 걸기도 하고, E메일을 보내기도 해서 바쁜 하루였습니다.

④　弟はおもちゃを口の中に入れたり、壊したりします。
남동생은 장난감을 입안에 넣기도 하고, 망가뜨리기도 합니다.

⑤　財布からお金を出したり入れたりする人は誰ですか。
지갑에서 돈을 꺼냈다 넣었다 하는 사람은 누구입니까?

⑥　夜中までビールを飲んだり、焼酎を飲んだりして大変酔っぱらってしまいました。
한밤중까지 맥주를 마시기도 하고, 소주를 마시기도 해서 굉장히 취해 버렸습니다.

1) 「동사+たり, 동사+たりする」는 「~하거나, ~하기도 하다」의 의미로 동작·작용을 열거해서 반복을 나타낸다.

① コンピュータ(컴퓨터)
- ネチズン 네티즌
- アイディー 아이디
- 字化け 글자 깨짐
- 検索 검색
- サーバ 서버
- チャット 채팅
- ブティング 부팅
- Eメール E메일

다음 문장을 일본어로 바꾸시오.

1. 어제는 거래처에 왔다 갔다 해서 정말 피곤했습니다.

   ✎ _____

2. 시장에는 물건을 팔거나 사거나 하는 사람들로 가득합니다.

   ✎ _____

3. 수업이 없는 날은 아침을 먹었다 안 먹었다 합니다.

   ✎ _____

4. 김군은 아까부터 방에 들어갔다 나왔다 하며 무언가를 찾고 있습니다.

   ✎ _____

5. 오늘은 비가 내렸다 그쳤다 하는 이상한 날씨입니다.

   ✎ _____

6. 아이는 노트에 자기 이름을 썼다 지웠다 하고 있습니다.

   ✎ _____

단어힌트

거래처	取引先(とりひきさき)	가득하다	いっぱいだ
찾다	探す(さがす)	(비 등이)그치다	止(や)む・あがる
아까부터	先(さっき)から	이상하다	不思議(ふしぎ)だ
지우다	消(け)す	노트	ノート

Unit 054

りんごを十(じゅっ)個(こ)も買(か)いました。
ちょっと買(か)いすぎでしたね。

■ 100으로 따라하는 **일본어 문형 통달하기**

① りんごを十(じゅっ)個(こ)も買(か)いました。 ちょっと買(か)いすぎでしたね。
사과를 열 개나 샀습니다. 좀 너무 많이 샀네요.

② 黒(くろ)いペイントを塗(ぬ)りすぎて家(いえ)の雰(ふん)囲(い)気(き)が暗(くら)くなりました。
검정 페인트를 너무 칠해서 집 분위기가 어두워졌습니다.

③ 子(こ)供(ども)の時(とき)漫(まん)画(が)の読(よ)みすぎはよくありません。
어릴 때 만화를 지나치게 읽는 것은 좋지 않습니다.

④ 釣(つ)に行(い)ったら人(ひと)々(びと)が騒(さわ)ぎすぎて、一(いっ)匹(ぴき)も釣(つ)れませんでした。
낚시하러 갔더니 사람들이 너무 시끄러워서 한 마리도 못 잡았습니다.

⑤ 雨(あめ)が降(ふり)すぎて、家(いえ)や道(どう)路(ろ)などが水(みず)に浸(つ)かりました。
비가 너무 많이 내려서 집과 도로 등이 물에 잠겼습니다.

⑥ 今(きょう)日(う)はコーヒーの飲(の)みすぎて、なかなか眠(ねむ)れないと思(おも)います。
오늘은 커피를 너무 많이 마셔서 좀처럼 잘 수 없을 것 같습니다.

문형설명

1) 「동사+すぎる」는 「너무 ~하다」의 의미로 「도(度)를 넘어서 ~하다」의 의미를 나타낸다.

2) 「~すぎる」는 동사의 「ます」형에 접속한다.

　　買う　→　買いすぎだ　　너무 사다
　　読む　→　読みすぎだ　　너무 읽다
　　やる　→　やりすぎだ　　너무 하다
　　食べる　→　食べすぎだ　　너무 먹다
　　飲む　→　飲みすぎだ　　너무 마시다

관련어휘

① 魚・動物 の 数え方 (생선・동물 세는 법)

　□ 一匹・二匹・三匹・四匹・五匹・六匹・七匹・八匹・九匹・十匹
　　いっぴき・にひき・さんびき・よんひき・ごひき・ろっぴき・ななひき・はっぴき・きゅうひき・じゅっぴき

문형연습
다음 문장을 일본어로 바꾸시오.

1 오랜만에 친구를 만나 과음했습니다.

✎ _____

2 일본인은 지나치게 일한다고 외국인은 말합니다.

✎ _____

3 과장님은 하루에 담배를 20개피 핍니다. 너무 핍니다.

✎ _____

4 TV를 너무 보아서 눈이 나빠졌습니다.

✎ _____

5 아무리 맛있어도 과식은 몸에 좋지 않습니다.

✎ _____

6 어제는 너무 걸어서 지금도 다리가 아픕니다.

✎ _____

단어힌트

오랜만에	久し振りに	지나치게 일하다	働きすぎ
20개피	20本(1갑 – 1箱)	너무 보다	見すぎ
너무 걷다	歩きすぎ		

Unit 055

学校と家が近すぎてかえって、遅刻する子もいます。

❶ 学校と家が近すぎてかえって、遅刻する子もいます。
학교와 집이 너무 가까워서 오히려 지각하는 아이도 있습니다.

❷ 辛すぎるキムチは胃腸の弱い人にはよくないです。
너무 매운 김치는 위장이 약한 사람에게는 좋지 않습니다.

❸ お汁が熱すぎてちょっと冷めてから食べます。
국물이 너무 뜨거워서 좀 식은 후에 먹겠습니다.

❹ このスーツは高すぎて私としては買えません。
이 정장은 너무 비싸서 나로서는 살 수 없습니다.

❺ 時間が多すぎて何をしたらいいのか分からない時もあります。
시간이 너무 많아서 무엇을 해야 좋을 지 모를 때도 있습니다.

❻ 今度の試験はやさしすぎてみんな合格すると思います。
이번 시험은 너무 쉬워서 모두 합격할 거라 생각합니다.

문형설명

1) 「イ형용사+すぎる」는 「너무~하다」의 의미로 도(度)를 넘어서 「~하다」의 의미를 나타낸다.

2) イ형용사의 어미 「い」를 지우고 「すぎる」를 접속한다.

① 学校の生活 (학교생활)

- □ 遅刻する 지각하다
- □ 居眠りをする 졸다
- □ 登校する 등교하다
- □ 試験を受ける 시험을 보다
- □ 朝会をする 조회를 하다
- □ 発表する 발표하다
- □ 出席をとる 출석을 부르다
- □ 授業をサボる 수업을 빼먹다

문형연습

100으로 따라하는 일본어 문형 통달하기

다음 문장을 일본어로 바꾸시오.

1 코트가 너무 낡아 새것을 샀습니다.

✎ _____

2 서울대학교의 수학문제는 너무 어렵습니다.

✎ _____

3 남동생 방은 항상 너무 더럽습니다.

✎ _____

4 세일 기간에는 너무 바빠서 손님에게 불친절합니다.

✎ _____

5 나리타공항에서 도쿄시내까지는 너무 멀어서 불편합니다.

✎ _____

6 오늘은 너무 바빠서 아직 점심도 먹지 않았습니다.

✎ _____

단어힌트

세일	バーゲン セール	불친절하다	不親切(ふしんせつ)だ
손님	お客(きゃく)さん	나리타공항	成田空港(なりたくうこう)

Unit 056

村の人々が思ったより親切すぎて
みんなびっくりしました。

① 村の人々が思ったより親切すぎてみんなびっくりしました。
마을 사람들이 생각했던 것보다 너무 친절해서 모두 놀랐습니다.

② 現代人は豊かすぎる生活に慣れています。
현대인은 너무 윤택한 생활에 익숙해져 있습니다.

③ 弟が立派すぎて兄はいつも劣等感を持っています。
남동생이 너무 훌륭해서 형은 언제나 열등감을 가지고 있습니다.

④ この服は派手すぎて普段着としてはちょっと無理ですね。
이 옷은 너무 화려해서 평상복으로서는 좀 무리네요.

⑤ 最近の映画は残酷すぎる場面が多いです。
요즈음 영화는 너무 잔혹한 장면이 많습니다.

⑥ ここは静かすぎて大都会の真中であることを時々忘れてしまいます。
여기는 너무 조용해서 대도시의 중심지라는 것을 때때로 잊어버립니다.

1) 「ナ형용사+すぎる」는 「너무~하다」의 의미로 도(度)를 넘어서 「~하다」의 의미를 나타낸다.

① 感情(감정)

- □ 劣等感 열등감
- □ 自信満々 자신 만만
- □ 威風堂々 위풍당당
- □ 怒り 분노
- □ 優越感 우월감
- □ 情熱的 정열적
- □ 恥じらい 부끄러움
- □ 喜び 희열 기쁨

문형연습

다음 문장을 일본어로 바꾸시오.

1 다나카군은 누가 봐도 너무 착실한 청년입니다.

✎ _____

2 그녀의 스타일은 너무 화려해서 금방 눈에 띕니다.

✎ _____

3 이번 시험은 너무 간단해서 금방 답을 썼습니다.

✎ _____

4 이 방은 너무 깨끗해서 마음에 듭니다.

✎ _____

5 이 백화점은 너무 북적거려서 피곤합니다.

✎ _____

6 아버지는 너무 고집이 세서 때때로 곤란할 때도 있습니다.

✎ _____

단어힌트

청년	青年(せいねん)	스타일	スタイル
눈에 띄다	目立(めだ)つ	마음에 들다	気(き)に入(い)る
고집이 세다	頑固(がんこ)だ	때때로	時々(ときどき)
답	答(こた)え	곤란하다	困(こま)る

Unit 057

今日は一日中晴れるでしょう。

❶ 今日は一日中晴れるでしょう。
오늘은 하루종일 맑은 날씨겠죠.

❷ こんな時間ならみんな夢の中でしょう。
이 시간이라면 모두가 한밤중(꿈나라)이겠죠.

❸ 今度の工事は一ヶ月で終わるでしょう。
이번 공사는 일개월에 끝나겠죠.

❹ 大学生ならこのくらいのことは知っているでしょう。
대학생이라면 이 정도의 일은 알고 있겠죠.

❺ 今年の失業者の数は例年に比べてずっと増えるでしょう。
올해의 실업자 수는 예년에 비해서 훨씬 늘겠죠.

❻ 今頃田中さんは羽田空港に着いているでしょう。
지금쯤 다나카씨는 하네다 공항에 도착해 있겠죠.

문형설명

1) 「명사·동사·イ형용사 でしょう」는 「~겠지요」의 의미로 추량, 판단을 나타낸다.

① 空港(공항)

- □ 出国　출국
- □ 入国　입국
- □ 免税店　면세점
- □ 乗り継ぎ便　갈아타는 비행기
- □ リムジンバス　리무진 버스
- □ 滑走路　활주로
- □ 管制塔　관제탑
- □ 税関区域　관세구역
- □ 出入国管理所　출입국 관리소

다음 문장을 일본어로 바꾸시오.

1 그녀는 언젠가 유명한 디자이너가 되겠지요.

✎ _____

2 이 가게는 일요일에는 쉬겠지요.

✎ _____

3 연말에는 모든 사람이 바빠지겠지요.

✎ _____

4 지금쯤 고향에는 예쁜 꽃이 피어 있겠지요.

✎ _____

5 그녀의 애인은 아마도 자상한 사람이겠지요.

✎ _____

6 한국사람은 매운 김치도 잘 먹겠지요.

✎ _____

단어힌트

디자이너	デザイナー	연말	年末(ねんまつ)
고향	故郷(ふるさと)	자상하다	優(やさ)しい
애인	恋人(こいびと)	그녀	彼女(かのじょ)

Unit 058

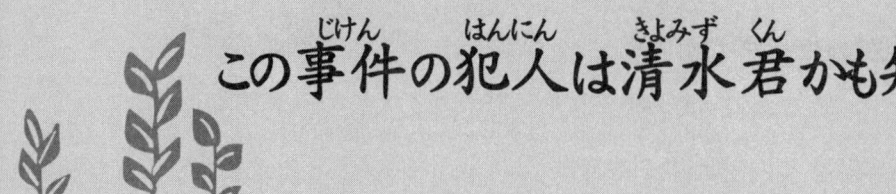
この事件の犯人は清水君かも知れません。

■ 100으로 따라하는 **일본어 문형 통달하기**

❶ この事件の犯人は清水君かも知れません。
이 사건의 범인은 기요미즈군일 지도 모릅니다.

❷ 友だちが手に持っているのはお母さんの写真かも知れません。
친구가 손에 들고 있는 것은 어머니 사진일 지도 모릅니다.

❸ 私が今まで探し求めていた人はあなたかも知れません。
내가 지금까지 찾고 있었던 사람은 당신일 지도 모릅니다.

❹ 山火事がはじめて発生したのはこの地点かも知れません。
산불이 처음 발생한 것은 이 지점일 지도 모릅니다.

❺ 韓国で食べ物が一番おいしい所は全州かも知れません。
한국에서 음식이 가장 맛있는 곳은 전주일 지도 모릅니다.

❻ 誕生日のプレゼントで一番喜ばれるのはバラの花かも知れません。
생일 선물로 가장 기뻐하는 것은 장미꽃일 지도 모릅니다.

1) 「명사+かも知れない、かもわからない」는 「~일지도 모른다」의 의미로 불확실한 추량을 나타낸다.

① カメラ(카메라)
- コンパクトカメラ 소형 카메라
- インスタントカメラ 일회용 카메라
- デジタルカメラ 디지털 카메라
- デジタルビデオカメラ 디지털비디오카메라

Q 문형연습
다음 문장을 일본어로 바꾸시오.

1 선생님이 있는 곳은 교실일지도 모릅니다.

✎ _____

2 회장님은 지금 출장 중일 지도 모릅니다.

✎ _____

3 의사 선생님은 지금 회진중일지도 모릅니다.

✎ _____

4 하늘이 흐려있군요. 오후에는 비일지도 모릅니다.

✎ _____

5 그가 범인일지도 모릅니다. 증거가 있습니다.

✎ _____

6 사진 속의 이 분이 김군의 아버지일지도 모릅니다.

✎ _____

단어힌트

회진	回診(かいしん)	범인	犯人(はんにん)
흐리다	くもる	증거	証拠(しょうこ)
하늘	空(そら)		

雨が降ったらここを立つかも知れません。

① 雨が降ったらここを立つかも知れません。

비가 내리면 여기를 떠날지도 모릅니다.

② 今頃引っ越しの荷物を運んでいるかも知れません。

지금쯤 이삿짐을 옮기고 있을 지도 모릅니다.

③ 寂しいから夜遅くまで電話をかけているかも知れません。

외롭기 때문에 밤늦게까지 전화를 걸고 있을 지도 모릅니다.

④ 今日中に取引先から書類が届くかも知れません。

오늘 중으로 거래처에서 서류가 도착할 지도 모릅니다.

⑤ もう少し大きくなったら、勉強に興味を持つかも知れません。

조금 더 크면, 공부에 흥미를 가질 지도 모릅니다.

⑥ 卒業したら、アメリカへ留学するかも分からないです。

졸업하면 미국으로 유학 갈지도 모릅니다.

1) 「동사+かもしれない・かもわからない 」는 「~일지도 모른다」의 의미로 ~일지도 모른다.

① 荷物(짐)

- □ 小包み 소포
- □ 割れ物 깨지는 물건
- □ 貴重品 귀중품
- □ 宅配 택배
- □ 生物 날 것

다음 문장을 일본어로 바꾸시오.

1 내년 독일의 국제회의에서 발표할지도 모릅니다.

✎ _____

2 태풍 12호는 내일 관서지방을 통과할지도 모릅니다.

✎ _____

3 이 시간은 혼잡할지도 모릅니다.

✎ _____

4 기침이 심합니다. 감기에 걸렸을지도 모릅니다.

✎ _____

5 서울행 열차는 벌써 출발했을지도 모릅니다.

✎ _____

6 일주일 전의 약속이니까 잊어버렸는지도 모릅니다.

✎ _____

단어힌트

국제회의	国際会議(こくさいかいぎ)	발표하다	発表(はっぴょう)する
통과하다	通(とお)る	혼잡하다	混(こ)む(込む)・混(こ)み合(あ)う
기침	せき	심하다	ひどい
열차	列車(れっしゃ)	잊어버리다	忘(わす)れる
서울행	ソウル行(ゆ)き		

Unit 060

この注射はすこし痛いかも知れません。

① この注射はすこし痛いかも知れません。

이 주사는 좀 아플지도 모릅니다.

② 一人暮らしの老人はいつも寂しいかも知れません。

독거 노인은 늘 외로울 지도 모릅니다.

③ 彼女は主婦だから料理をするのも速いかも分かりません。

그녀는 주부니까 요리하는 것도 빠를지도 모릅니다.

④ 残業のない日だから帰りが早いかも知れません。

잔업이 없는 날이니까 귀가가 빠를지도 모릅니다.

⑤ 明日はバイトのため遅いかも分かりません。

내일은 아르바이트 때문에 늦을 지도 모릅니다.

⑥ 今日は昨日より風が強いかも知れません。

오늘은 어제보다 바람이 셀 지도 모릅니다.

1) 「イ形容詞+かもしれない・かもわからない」는 「~일지도 모른다」의 의미로 불확실한 추량을 나타낸다.

① 料理(요리)

- ☐ 日本料理(和食) 일본요리
- ☐ 西洋料理(洋食) 서양요리
- ☐ 中華料理 중화요리
- ☐ 韓国料理 한국요리
- ☐ インド料理 인도요리
- ☐ フランス料理 프랑스 요리

문형연습
다음 문장을 일본어로 바꾸시오.

1 4월이니까 이 옷은 좀 두꺼울지도 모릅니다.

✎ _____

2 올 여름은 작년보다 더울지도 모릅니다.

✎ _____

3 잔업으로 귀가가 늦을지도 모릅니다.

✎ _____

4 병이 났을 때는 한층 외로울지도 모릅니다.

✎ _____

5 한국김치는 일본인에게는 조금 매울지 모릅니다.

✎ _____

6 급료는 다른 회사보다 높을지도 모릅니다.

✎ _____

단어힌트

두껍다	厚い	귀가	帰り
외롭다	寂しい	급료	給料

Unit 061

お見合いの相手は思ったよりハンサムかも知れません。

① お見合いの相手は思ったよりハンサムかも知れません。
맞선 상대는 생각보다 잘 생겼을 지도 모릅니다.

② ある面では妹の方が私より頑固かも分かりません。
어떤 면에서는 여동생이 나보다 완고할 지도 모릅니다.

③ 車で行くのがかえって不便かも知れません。
차로 가는 것이 오히려 불편할 지도 모릅니다.

④ 3月の済州島は風が吹いても海は穏やかかも知れません。
3월의 제주도는 바람이 불어도 바다는 잔잔할 지도 모릅니다.

⑤ お父さんよりもその息子のほうが立派かも知れません。
아버지보다도 그 아들이 훌륭할 지도 모릅니다.

⑥ バスなら直行しますが、電車は乗り換えるので面倒かも分かりません。
버스라면 직행합니다만, 전차는 갈아타기 때문에 귀찮을 지도 모릅니다.

문형설명

1) 「ナ형용사+かもしれない・かもわからない」는 「~일지도 모른다」의 의미로 불확실한 추량을 나타낸다.

관련어휘

① 性格(성격)

- □ 短気だ(せっかちだ) 성격이 급하다
- □ 穏やかだ 온화하다
- □ 無鉄砲だ 막무가내다
- □ 前向きだ 적극적이다
- □ 生半可だ 이도저도 아니다.
- □ 頑固だ 완고하다
- □ 気が長い 성격이 느긋하다.
- □ 内向的だ 내성적이다
- □ 後ろ向きだ 소극적이다
- □ 中途半端だ 어중간하다

문형연습
다음 문장을 일본어로 바꾸시오.

1 택시보다 지하철 쪽이 편리할지도 모릅니다.

✎ _____

2 그는 지난 달 회사를 그만두었으니까 지금은 한가할지도 모릅니다.

✎ _____

3 스포츠에 관해서는 동생이 나보다 열심일지도 모릅니다.

✎ _____

4 그녀는 고양이를 싫어할지도 모릅니다.

✎ _____

5 하나코씨는 특히 프랑스어가 자신있을지도 모릅니다.

✎ _____

6 시골사람이 마음은 더 풍요로울지 모릅니다.

✎ _____

단어힌트

택시	タクシー	열심이다	熱心(ねっしん)だ
싫어하다	嫌(きら)いだ	시골사람	田舎(いなか)の人(ひと)
자신있다	得意(とくい)だ		

Unit 062

名前は必ず漢字で書くこと。

■ 100으로 따라하는 **일본어 문형 통달하기**

① 名前は必ず漢字で書くこと。

이름은 반드시 한자로 쓸 것.

② 長時間コンピューターを使わないこと。

장시간 컴퓨터를 사용하지 말 것.

③ 食後と寝る前には必ず歯を磨くこと。

식후와 자기 전에는 반드시 이를 닦을 것.

④ 日が暮れたら早く家に帰ること。

날이 저물면 빨리 집에 돌아갈 것.

⑤ 事務室では私用の電話は遠慮すること。

사무실에서는 사적인 전화는 삼가 할 것.

⑥ 納品の期日は必ず守ること。

납품기일은 반드시 지킬 것.

문형설명

1) 「동사+こと」은 「~할 것」의 의미로 주의・지시・명령・금지를 나타낸다.

관련어휘

① 歯(치아)

- 虫歯 충치
- 乳歯 젖니
- 出歯 뻐드렁니
- 知歯(知恵歯) 사랑니
- 永久歯 영구치
- 入れ歯 의치
- 八重歯 덧니

Q 문형연습

다음 문장을 일본어로 바꾸시오.

1 이 약은 식후 30분 이내에 복용할 것.

✎ _____

2 학교수업에는 반드시 출석할 것.

✎ _____

3 시험 중에는 조용히 할 것.

✎ _____

4 교실에서는 누구라도 일본어로 말할 것.

✎ _____

5 접시는 깨끗이 씻을 것.

✎ _____

6 정각 12시까지 전원 모일 것.

✎ _____

단어힌트

식후	食後(しょくご)	복용하다	服用(ふくよう)する
출석하다	出席(しゅっせき)する	접시	お皿(さら)
정각	丁度(ちょうど)・定刻(ていこく)		

お金のことは私に言わないでください。

❶ お金のことは私に言わないでください。

돈에 관한 것은 나에게 말하지 말아 주세요.

❷ 胃の調子が悪い時はコーヒーは飲まないでください。

위 상태가 나쁠 때는 커피는 마시지 말아 주세요.

❸ 試験の前日だけは徹夜をしないでください。

시험 전날만큼은 밤을 새지 말아 주세요.

❹ お年寄りのための席ですから座らないでください。

노인을 위한 좌석이니까 앉지 말아 주세요.

❺ 工事現場は関係者以外の人は立ち入らないでください。

공사현장은 관계자 이외의 사람은 출입하지 말아 주세요.

❻ 腰の悪い人はハイヒールをはかないでください。

허리가 나쁜 사람은 하이힐을 신지 말아 주세요.

문형설명

1) 「동사+ないでください」은 「~하지 말아 주세요」의 의미로 의뢰·요구·주의·지시·금지를 나타낸다.

관련어휘

① 履物(신발)

- □ ハイヒール 하이힐
- □ 運動靴 운동화
- □ 下駄 나막신
- □ 登山靴 등산화
- □ ブーツ 부츠

- □ サンダル 샌들
- □ 草履 조리
- □ スリッパ 슬리퍼
- □ 長靴 장화
- □ スニーカー 스니커즈

 **문형연습**
다음 문장을 일본어로 바꾸시오.

1 여기서는 큰소리로 얘기하지 말아주세요.

2 사무실에서는 담배를 피우지 말아주세요.

3 피아노 위에는 물건을 놓지 말아주세요.

4 해답은 연필로 쓰지 말아주세요.

5 내일 회의 시간에 늦지 말아주세요.

6 이 일은 아무에게도 말하지 말아주세요.

단어힌트

큰소리	大声(おおごえ)	사무실	事務室(じむしつ)
놓다	置(お)く	해답	解答(かいとう)(答(こた)え)
아무에게도	だれにも	연필	鉛筆(えんぴつ)

Unit 064

子供が帰るまでに掃除をしてください。

100으로 따라하는 **일본어 문형 통달하기**

❶ 子供が帰るまでに掃除をしてください。

어린이가 돌아올 때까지 청소를 해 주세요.

❷ 試合が終わるまで席に座ってください。

시합이 끝날 때까지 자리에 앉아 주세요.

❸ 会議が終わるまでここでお待ちください。

회의가 끝날 때까지 여기에서 기다려 주세요.

❹ お客さんが来るまでに用意しておいてください。

손님이 올 때까지 준비 해 두세요.

❺ 課長が来るまでに見積書を作成してください。

과장님이 올 때까지 견적서를 작성해 주세요.

❻ この計画が成功するまでいっさいのことは秘密にしてください。

이 계획이 성공할 때까지 모든 일은 비밀로 해 주세요.

 **문형설명**

1) 「동사+まで(に)~てください。」은 「~할 때까지 ~해 주세요」의 의미로 의뢰・요구・지시를 나타낸다.

 **관련어휘**

① 書類(서류)

- 見積書 견적서
- 企画書 기획서
- 報告書 보고서
- 契約書 계약서
- 約定書 약정서

문형연습
다음 문장을 일본어로 바꾸시오.

1 초등학교에 입학할 때까지 히라가나를 외워주세요.

✎ _____

2 감기가 나을 때까지 이 약을 복용해 주세요.

✎ _____

3 손님이 차에서 내릴 때까지 기다려 주세요.

✎ _____

4 딸이 결혼할 때까지 일을 계속해 주세요.

✎ _____

5 금주 수요일까지 서류를 보내 주세요.

✎ _____

6 아이가 길을 건널 때까지 기다려 주세요.

✎ _____

단어힌트

외우다	覚える	퇴직	退職
서류	書類	건너다	渡る
기다리다	待つ		

二十歳になるまでお酒は飲まないでください。

① 二十歳になるまでお酒は飲まないでください。

스무 살이 될 때까지 술은 마시지 말아 주세요.

② 食事が終わるまでみんな席から立たないでください。

식사가 끝날 때까지 모두 자리에서 일어나지 말아 주세요.

③ 患者の具合がよくなるまで病室に人を入れないでください。

환자의 상태가 좋아질 때까지 병실에 사람을 들이지 말아 주세요.

④ 合格するまで英語の勉強を怠けないでください。

합격할 때까지 영어공부를 게을리 하지 말아주세요.

⑤ 着陸するまで機内ではタバコを吸わないでください。

착륙할 때까지 기내에서는 담배를 피지 말아 주세요.

⑥ あの子が眠るまでテレビをつけないでください。

저 아이가 잠들 때까지 텔레비전을 켜지 말아 주세요.

1) 「동사+まで ～ないでください」은 「～할 때까지 ～하지 말아 주세요」의 의미로 의뢰・요구・주의・지시・금지를 나타낸다.

① 病院(병원)

- 診察室 진찰실
- 入院室 입원실
- 手術室 수술실
- リハビリ室 사회복귀 훈련실
- 検査室 검사실
- 注射室 주사실
- 治療室 치료실

문형연습
다음 문장을 일본어로 바꾸시오.

1. 시험이 끝날 때까지 교실에서 나가지 말아주세요.
   ✏️ _____

2. 이 소설이 완성될 때까지 포기하지 말아주세요.
   ✏️ _____

3. 파란신호로 바뀔 때까지 출발하지 말아주세요.
   ✏️ _____

4. 검사가 끝날 때까지 움직이지 말아주세요.
   ✏️ _____

5. 이륙할 때까지 자리에서 일어나지 말아주세요.
   ✏️ _____

6. 착륙할 때까지 안전벨트를 풀지 말아주세요.
   ✏️ _____

단어힌트

나가다	出る	소설	小説(しょうせつ)
완성되다	完成(かんせい)する	검사	検査(けんさ)
이륙하다	離陸(りりく)する	착륙하다	着陸(ちゃくりく)する
안전벨트	シートベルト	(벨트 등을)풀다	外(はず)す

Unit 066

人はみんな年を取っていくものです。

100으로 따라하는 **일본어 문형 통달하기**

---

❶ 人はみんな年を取っていくものです。
사람은 모두 나이를 먹어 갑니다.

❷ 潜水艦がどんどん海底へ潜っていきます。
잠수함이 점점 바다 속으로 잠겨갑니다.

❸ 環境に対する意識のおかげで、ゴミの量が減っていきます。
환경에 대한 의식 덕분에 쓰레기 양이 줄어갑니다.

❹ 木村さんの韓国語が目立つほど上達していきます。
기무라씨의 한국어 실력이 눈에 띌 만큼 능숙해져 갑니다.

❺ 今年に入って物価は値上がりしていくばかりです。
올해 들어서 물가는 치솟아 갈 뿐입니다.

❻ これからあなたは立派な政治家になっていくでしょう。
이제부터 당신은 훌륭한 정치가가 되어 가겠지요.

 문형설명

1) 「동사+ていく」은 「~해져 가다. ~해 지다」의 의미로 변화의 과정을 나타낸다.

 관련어휘

① ~家(~사람)

- □ 小説家 소설가
- □ 大家 대가
- □ 作家 작가
- □ 声楽家 성악가
- □ 企業家 기업가
- □ 好事家 호사가
- □ 倹約家 구두쇠
- □ 専門家 전문가
- □ 読書家 독서가
- □ 発明家 발명가

문형연습
다음 문장을 일본어로 바꾸시오.

1 2학년이 되고 나서 성적이 올라가고 있습니다.

✎ _____

2 아름다운 벚꽃이 점점 떨어져 갑니다.

✎ _____

3 지금 큐슈 지방에 장마전선이 통과해 갑니다.

✎ _____

4 앞으로 한국은 경제적으로도 정치적으로도 발전해 가겠지요.

✎ _____

5 일본에서의 관광객이 매년 증가해 갑니다.

✎ _____

6 결혼하고 나서도 일은 계속해 갈 생각입니다.

✎ _____

단어힌트

2학년	二年生(にねんせい)	성적	成績(せいせき)
(꽃이)지다	散る(落ちる)(ちる/おちる)	장마전선	梅雨前線(ばいうぜんせん)
발전하다	発展(はってん)する	증가하다	増(ふ)える
계속하다	続(つづ)ける		

Unit 067

KTXができてソウルと釜山が以前よりはるかに近くなってきました。

① KTXができてソウルと釜山が以前よりはるかに近くなってきました。
고속전철이 생겨서 서울과 부산이 예전보다 훨씬 가까워졌습니다.

② 自治体の活性化によって街がだんだん賑やかになってきます。
자치제의 활성화에 의해 거리가 점점 활기차게 되어 갑니다.

③ 夜中の2時に電話がかかってくる時もあります。
새벽2시에 전화가 걸려 올 때도 있습니다.

④ 先進国の出産率はここ数年間急激に減ってきています。
선진국의 출산율은 최근 몇 년간 급격히 줄어 들고 있습니다.

⑤ 厳しい冬が過ぎて、南の国からつばめがやってきます。
혹독한 겨울이 지나고 남쪽나라에서 제비가 찾아옵니다.

⑥ 日が暮れると散歩にでかけたおばあさんが帰ってきます。
날이 저물면 산보하러 나간 할머니가 돌아옵니다.

문형설명

1) 「동사+てくる」은 「~해 오다. ~해 지다」의 의미로 변화의 과정을 나타낸다.

관련어휘

① ~率(~률)

- ☐ 経済成長率 경제성장률
- ☐ 高打率 고타율
- ☐ 出産率 출산율
- ☐ 防御率 방어율
- ☐ 死亡率 사망률
- ☐ 視聴率 시청률
- ☐ 失業率 실업률
- ☐ 伸び率 신장률
- ☐ 税率 세율
- ☐ 勝率 승률

다음 문장을 일본어로 바꾸시오.

1 중국어 공부가 점점 재미있어 집니다.

　✎ _____

2 해수면이 어제보다 낮아집니다.

　✎ _____

3 구름사이에서 달이 나옵니다.

　✎ _____

4 아이의 이빨이 나옵니다.

　✎ _____

5 자동차가 늘어나서 도시의 공해가 점점 심해져 갑니다.

　✎ _____

6 낮 시간이 전에 비해 훨씬 짧아지게 되었습니다.

　✎ _____

단어힌트

점점	だんだん	해수면	海水面(かいすいめん)
공해	公害(こうがい)	낮 시간	昼間(ひるま)の時間(じかん)
(이빨 등이)나다	生(は)える	짧아지다	短(みじか)くなる

Unit 068

身長が160cm以上の女性で健康な人。

■ 100으로 따라하는 **일본어 문형 통달하기**

❶ 身長が160cm以上の女性で健康な人。
신장이 160cm이상인 여성으로 건강한 사람.

❷ コンピューターを所持している人で文書作成の上手な人。
컴퓨터를 소지하고 있는 사람으로 문서작성에 능숙한 사람.

❸ 韓国人の成人男性で軍隊を終えた人。
한국인 성인남성으로 군복무를 마친 사람.

❹ お金持ちでスポーツが好きな人。
부자이고 스포츠를 좋아하는 사람.

❺ 有名な観光地で魚や食べ物がおいしい所。
유명한 관광지로 생선과 음식이 맛있는 곳.

❻ 発展途上国で核兵器を保有している国。
개발도상국으로 핵무기를 보유하고 있는 나라.

문형설명

1) 「명사で+~명사」은 「으로 ~인」의 의미로 전반구를 후반구가 보충 설명하거나, 조건을 다는 명사구이다.

① 女性のスタイル (여성의 스타일)

- ☐ ほっそりしたタイプ　마른 타입
- ☐ スリムなタイプ　날씬한 타입
- ☐ ガリガリタイプ　깡마른 타입
- ☐ 均整のとれたタイプ　균형 잡힌 타입
- ☐ 太ったタイプ　뚱뚱한 타입
- ☐ 小太りのタイプ　약간 뚱뚱한 타입

문형연습
다음 문장을 일본어로 바꾸시오.

1. 여성으로 세계 최초의 대통령이 된 사람.

2. 30대 남성으로 잔업이 가능한 사람.

3. 여대생으로 노래가 능숙한 사람.

4. 회사원으로 영어회화가 가능한 사람.

5. 여권을 소지한 자로 해외 여행이 처음인 사람.

6. 시력 2.0이상의 여성으로 해외근무가 가능한 사람.

단어힌트

세계최초	世界初(せかいはつ)	대통령	大統領(だいとうりょう)
여권	パスポート(旅券りょけん)	여대생	女子大生(じょしだいせい)
시력	視力(しりょく)	영어회화	英会話(えいかいわ)
해외근무	海外勤務(かいがいきんむ)		

Unit 069

いま講演をしておられる方が私の恩師です。

---

① いま講演をしておられる方が私の恩師です。

지금 강연을 하고 계시는 분이 제 은사님입니다.

② 食堂で洗い物をしている人はだれですか。

식당에서 설거지를 하고 있는 사람은 누구입니까?

③ コートでテニスをしている方があなたのご主人ですか。

코트에서 테니스를 치고 있는 분이 당신 남편입니까?

④ 来週から夏休みに入りますが、何かいい計画でもありますか。

다음 주부터 여름 방학에 들어가는데, 뭔가 좋은 계획이라도 있습니까?

⑤ 先から新聞を読んでいますが、今日のトップニュースは何ですか。

아까부터 신문을 읽고 있는데, 오늘의 톱뉴스는 무엇입니까?

⑥ 毎日運動する人は風邪なんかひかないでしょう。

매일 운동을 하는 사람은 감기 따위는 걸리지 않겠지요.

 **문형설명**

1) 「주술부에 있어서 동사의 연체 수식구를 포함하는 부분」

 **관련어휘**

① 週(しゅう)(주)

- ☐ 先々週(せんせんしゅう) 지지난 주
- ☐ 先週(せんしゅう) 지난주
- ☐ 今週(こんしゅう) 이번 주
- ☐ 来週(らいしゅう) 다음주
- ☐ 再来週(さらいしゅう) 다음다음 주
- ☐ 毎週(まいしゅう) 매주

문형연습
다음 문장을 일본어로 바꾸시오.

1 담배를 피는 사람은 폐암에 걸리기 쉽습니다.

✎ _____

2 전차 안에서 소란을 피우는 어린이는 다른 사람에게 폐가 됩니다.

✎ _____

3 학회에서 발표할 사람은 손을 들어 주세요.

✎ _____

4 공부하지 않고 놀고 있는 사람은 누구입니까?

✎ _____

5 안경을 쓰고 책을 읽고 있는 사람이 나의 선생님입니다.

✎ _____

6 빨간 구두를 신고 있는 사람이 요시다씨입니까?

✎ _____

단어힌트

폐암	肺癌(はいがん)	폐를 끼치다	迷惑(めいわく)をかける
안경을 쓰다	眼鏡(めがね)をかける	(신발 등을)신다	はく
소란을 피우다	騒(さわ)ぐ		

Unit 070

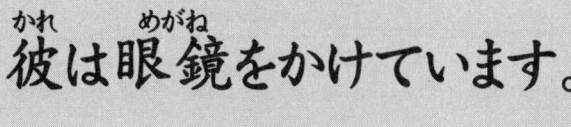
彼(かれ)は眼鏡(めがね)をかけています。

それは目(め)が悪(わる)いからです。

■ 100으로 따라하는 **일본어 문형 통달하기**

① 彼(かれ)は眼鏡(めがね)をかけています。それは目(め)が悪(わる)いからです。
그는 안경을 쓰고 있습니다. 그것은 눈이 나쁘기 때문입니다.

② ソウルの環境汚染(かんきょうおせん)がひどくなりました。それは車(くるま)が増(ふ)えたからです。
서울의 환경오염이 심해졌습니다. 그것은 차가 늘어났기 때문입니다.

③ 子供(こども)が自分(じぶん)の部屋(へや)から出(で)ません。それはだれも会(あ)いたくないからです。
아이가 자신의 방에서 나오지 않습니다. 그것은 아무도 만나고 싶지 않기 때문입니다.

④ ゴルフはもうしません。それは環境汚染(かんきょうおせん)を少(すこ)しでもなくしたいからです。
골프는 이제 하지 않습니다. 그것은 환경 오염을 조금이라도 없애고 싶기 때문입니다.

⑤ 毎朝(まいあさ)30分(ぷん)ずつ運動(うんどう)することにしました。それは成人病(せいじんびょう)にかかりたくないからです。
매일아침 30분씩 운동을 하기로 했습니다. 그것은 성인병에 걸리고 싶지 않기 때문입니다.

⑥ スープにはしょうゆを使(つか)いません。それはしょうゆを入(い)れるとおいしくないからです。
스프에는 간장을 사용하지 않습니다. 그것은 간장을 넣으면 맛이 없기 때문입니다.

문형설명

1) 「それは、(원인・이유)からだ」은 「그것은 ~이기 때문이다」의 의미로 결과의 문장이다.

① 調味料(조미료)

- [ ] しょうゆ 간장
- [ ] 酢 식초
- [ ] 胡椒 후추
- [ ] 塩 소금
- [ ] わさび 냉이고추
- [ ] 砂糖 설탕
- [ ] からし 겨자
- [ ] ごま 깨
- [ ] サラダ油 식용유
- [ ] 唐辛子 고추

문형연습
다음 문장을 일본어로 바꾸시오.

1 수면시간이 부족합니다. 그것은 늦게까지 소설을 읽기 때문입니다.

✎ _____

2 오늘은 일찍 일어났습니다. 그것은 8시부터 회의가 있기 때문입니다.

✎ _____

3 시골로 이사를 하는 사람이 늘고 있습니다. 그것은 도시의 공기가 나쁘기 때문입니다.

✎ _____

4 어제부터 머리가 아픕니다. 그것은 감기에 걸렸기 때문입니다.

✎ _____

5 딸은 지금 울고 있습니다. 그것은 시험 성적이 좋지 않기 때문입니다.

✎ _____

6 굉장히 기쁩니다. 그것은 대학교에 합격했기 때문입니다.

✎ _____

단어힌트

수면시간	睡眠時間(すいみんじかん)	부족하다	足(た)りない
이사하다	引(ひ)っ越(こ)しする	울다	泣(な)く

Unit 071

京都が日本一の観光地なのは当たり前のことです。

① 京都が日本一の観光地なのは当たり前のことです。
교토가 일본 제일의 관광지인 것은 당연한 일입니다.

② あなたが野球選手なのはだれでも知っていることです。
당신이 야구선수라는 것은 누구나 알고 있는 사실입니다.

③ 母が私の味方なのは、家族みんなが認めていることです。
어머니가 내 편이라는 것은 가족 모두가 인정하고 있는 사실입니다.

④ 彼が無実なのは職場の人はみんな知っていることです。
그가 억울하다는 것은 직장 사람 모두 알고 있는 사실입니다.

⑤ 彼の話が嘘なのは明らかなことです。
그의 이야기가 거짓말이라는 것은 명확한 사실입니다.

⑥ 彼女が有名な歌手なのは不思議なことです。
그녀가 유명한 가수인 것은 이상한 일입니다.

1) 「명사+なのは、～ことだ 」은 「～인 것은 ～일(사실)이다」의 의미로 주술부를 받아 영탄·감동·강조를 나타낸다.

① 日本の観光地(일본의 관광지)

- □ 広島の平和公園 히로시마의 평화공원
- □ 札幌雪祭り 삿포로의 눈 축제
- □ 伊丹温泉 이타미 온천
- □ 日光 닛코
- □ 奈良の東大寺 나라 동대사
- □ 京都の祇園 교토 기온
- □ 富士山 후지산

문형연습
다음 문장을 일본어로 바꾸시오.

1 여름방학이 되어 매일 휴일인 것은 기분 좋은 일입니다.

　✎ _____

2 소풍날, 좋은 날씨인 것은 정말 다행한 일입니다.

　✎ _____

3 셀러리맨의 세금이 고액인 것은 불평등한 일입니다.

　✎ _____

4 김군이 사랑한 사람이 그녀인 것은 의외의 일입니다.

　✎ _____

5 지진 발생이 전국적인 것은 드문 일입니다.

　✎ _____

6 그녀가 미인이라는 것은 나도 인정하는 사실입니다.

　✎ _____

단어힌트

기분 좋다	気持(きも)ちいい	소풍	遠足(えんそく)
다행이다	幸(さいわ)いだ	셀러리맨	サラリーマン
세금	税金(ぜいきん)	고액	高額(こうがく)
불평등하다	不平等(ふへいとう)だ	그녀	彼女(かのじょ)
지진	地震(じしん)	전국적이다	全国的(ぜんこくてき)だ
드물다	珍(めずら)しい	인정하다	認(みと)める

Unit 072

10年も勤めた会社を辞めるのは、
本当に残念なことです。

---

❶ 10年も勤めた会社を辞めるのは、本当に残念なことです。
10년이나 근무한 회사를 그만두는 것은 정말로 애석한 일입니다.

❷ 砂漠で一週間も歩き続けるのは、不可能なことです。
사막에서 일주일이나 계속 걷는다는 것은 불가능한 일입니다.

❸ 毎日お酒を飲むのは、健康によくないことです。
매일 술을 마시는 것은 건강에 좋지 않은 일입니다.

❹ 本人のいない所で悪口を言うのは、卑怯なことです。
본인이 없는 곳에서 험담을 하는 것은 비겁한 일입니다.

❺ 麻薬の犯罪が増えるのは、どの国も同じことです。
마약범죄가 증가하는 것은 어느 나라나 마찬가지입니다.

❻ 外国の文化を理解するのは、重要なことです。
외국 문화를 이해하는 것은 중요한 일입니다.

1) 「동사+のは、～ことだ」은 「～인 것은 ～일(사실)이다」의 의미로 주술부를 받아, 영탄·감동·강조를 나타낸다.

① 調理法(조리법)

- □ 焼く 굽다
- □ 揚げる 기름에 튀기다
- □ 茹でる 데치다
- □ 炊く (밥 등을)짓다
- □ 煮込む 푹 삶다
- □ 炒める 볶다
- □ 蒸す 찌다
- □ 和える (나물 등을)무치다
- □ 煮る 삶다
- □ 温める 데우다

다음 문장을 일본어로 바꾸시오.

1. 전쟁으로 가족을 잃는 것은 슬픈 일입니다.
   _____

2. 도로에서 신호를 무시하는 것은 위험한 일입니다.
   _____

3. 외국어를 배우는 것은 그 나라의 문화도 함께 배우는 것입니다.
   _____

4. 학생들의 성적이 점점 떨어지고 있는 것은 걱정스러운 일입니다.
   _____

5. 공부는 하지 않고 밤늦게까지 전화하는 것은 흔히 있는 일입니다.
   _____

6. 밤늦게 먹는 것은 건강에 좋지 않은 일입니다.
   _____

단어힌트

전쟁	戦争(せんそう)	신호	信号(しんごう)
무시하다	無視(む し)する	위험하다	危険(き けん)だ
점점	だんだん	밤늦게	夜遅(よるおそ)く

Unit 073

彼がこんなに遅いのは珍しいことです。

① 彼がこんなに遅いのは珍しいことです。

그가 이렇게 늦는 것은 드문 일입니다.

② 海の色がこんなに青いのはこの国だけのことです。

바다색이 이렇게 푸른 것은 이 나라만의 일입니다.

③ 秋なのにこんなに暑いのは不思議なことです。

가을인데 이렇게 더운 것은 이상한 일입니다.

④ 父親が作った料理がおいしいのははじめてのことです。

아버지가 만든 요리가 맛있는 것은 처음 있는 일입니다.

⑤ 韓国のキムチが辛いのはとうがらしを入れるから当然のことです。

한국 김치가 매운 것은 고추를 넣기 때문에 당연한 일입니다.

⑥ 取り変えた電球のため室内が明るいのは当然のことです。

갈아 끼운 전구덕분에 실내가 밝은 당연한 일입니다.

문형설명

1) 「イ형용사+のは、~ことだ。」은 「~인 것은 ~일(사실)이다」의 의미로 주술부를 받아 영탄, 감동, 강조를 나타낸다.

관련어휘

① 韓国の食べ物 (한국 음식)

- ☐ 焼き肉   불고기
- ☐ チヂミ   부침
- ☐ 味噌チゲ   된장찌개
- ☐ 甘酒   감주
- ☐ 冷麺   냉면
- ☐ 豚足   족발
- ☐ ビビンパ   비빔밥
- ☐ 骨付きカルビ   갈비
- ☐ 腸づめ   순대

문형연습
다음 문장을 일본어로 바꾸시오.

1 나라의 치안이 나쁜 것은 불안한 일입니다.

✎ _____

2 아침이 빠른 것은 건강에 좋은 일입니다.

✎ _____

3 공부가 재미있는 것은 처음 있는 일입니다.

✎ _____

4 겨울이 이렇게 따뜻한 것은 드문 일입니다.

✎ _____

5 중고차가 새 차보다 비싼 것은 있을 수 없는 일입니다.

✎ _____

6 회사가 집에서 먼 것은 불편한 일입니다.

✎ _____

단어힌트

태어나다	生まれる	따뜻하다	暖かい
중고차	中古車	새 차	新車(新しい車)
있을 수 없다	ありえない		

Unit 074

国が平和なのはありがたいことです。

■ 100으로 따라하는 **일본어 문형 통달하기**

❶ 国が平和なのはありがたいことです。

나라가 평화로운 것은 고마운 일입니다.

❷ 交通が不便なのは残念なことです。

교통이 불편한 것은 유감스러운 일입니다.

❸ 人の考え方が様々なのは当たり前のことです。

사람의 사고방식이 다양한 것은 당연한 일입니다.

❹ 南国の海がきれいなのは言うまでもないことです。

남국의 바다가 아름다운 것은 말할 것도 없는 일입니다.

❺ 韓国は儒教の影響が大きなのは昔からのことです。

한국은 유교의 영향이 크다는 것은 옛날부터 있었던 일입니다.

❻ 子供が正直なのは本当にいいことです。

아이가 정직한 것은 정말로 좋은 일입니다.

1) 「ナ형용사 + のは、~ことだ」은 「~인 것인 ~일(사실)이다」의 의미로 주술부를 받아 영탄, 감동, 강조를 나타낸다.

① 宗教(종교)

- □ キリスト教　기독교
- □ 仏教　불교
- □ ヒンズー教　힌두교
- □ 天理教　천리교
- □ イスラム教　이슬람교
- □ ラマ教　라마교
- □ 儒教　유교
- □ ギリシア聖教　그리스 정교

Q 문형연습

다음 문장을 일본어로 바꾸시오.

1. 시장이 북적거리는 것은 즐거운 일입니다.

   ✎ _____

2. 교통이 편리한 것은 다행한 일입니다.

   ✎ _____

3. 생활이 풍요로운 것은 행복한 일입니다.

   ✎ _____

4. 정치인이 정직한 것은 드문 일입니다.

   ✎ _____

5. 운전할 때 가장 위험한 것은 과속하는 일입니다.

   ✎ _____

6. 내가 이렇게 행복한 것은 오랜만의 일입니다.

   ✎ _____

단어힌트

풍요롭다	豊(ゆた)かだ	정치인	政治家(せいじか)
오랜만이다	久(ひさ)し振(ぶ)りだ	행복하다	幸(しあわ)せだ
위험하다	危険(きけん)だ	과속	スピードの出(だ)しすぎ

Unit 075

試験を受けてみてクラス編成をします。

① 試験を受けてみてクラス編成をします。
시험을 쳐보고 반 편성을 하겠습니다.

② 私と一緒に海へ行ってみませんか。日の出が大変きれいです。
나와 함께 바다에 가보지 않겠습니까? 일출이 굉장히 아름답습니다.

③ この店でアルバイトをやってみたらどうですか。
이 가게에서 아르바이트를 해보면 어떻습니까?

④ 服は試着してみて買うのが賢明なやり方です。
옷은 입어보고 사는 것이 현명한 방법입니다.

⑤ まず両親と相談してみて決めることが大事です。
우선 부모님과 상담해 보고 결정하는 것이 중요합니다.

⑥ 店員の話を聞いてみて色を選びましょう。
점원의 이야기를 들어보고 색깔을 고릅시다.

1) 「동사+てみる」은 「~해 보다 」의 의미로 시험적으로 해보는 것을 의미한다.

다음 문장을 일본어로 바꾸시오.

1 시험의 합격 유무를 알아봐 주십시오.

2 이 CD를 한번 들어 봐 주세요.

3 귀중한 자료가 들어있으니 자세히 읽어봐 주세요.

4 이번에는 소설을 써 보는 것은 어떨까요?

5 미국에 가보고 정말 놀랐습니다.

6 세계는 넓다는 것을 해외여행을 경험해 보고 알았습니다.

단어힌트

유무	有無(うむ)	귀중하다	貴重(きちょう)だ
자료	資料(しりょう)	경험하다	経験(けいけん)する

Unit 076

疲れていたので、すぐ眠ってしまいました。

100으로 따라하는 **일본어 문형 통달하기**

❶ 疲れていたので、すぐ眠ってしまいました。
지쳐있었기 때문에 곧 바로 잠들어 버렸습니다.

❷ 今月の小遣いをほとんど使ってしまいました。
이번 달 용돈을 거의 다 써버렸습니다.

❸ 両親の話を偶然聞いてしまったのです。
부모님의 이야기를 우연히 듣고 말았습니다.

❹ 休みになるとみんな家へ帰ってしまって寮にはだれもいません。
방학이 되면 모두 집으로 돌아가 버려 기숙사에는 아무도 없습니다.

❺ 自分も知らないうちに大きな声を出してしまいました。
자신도 모르는 사이에 큰 소리를 질러버렸습니다.

❻ 彼女の話を聞いて同情してしまいました。
그녀의 이야기를 듣고 동정해 버렸습니다.

1) 「동사+てしまう」는 「~해 버리다」의 의미로 동작·작용의 완료를 나타낸다.

다음 문장을 일본어로 바꾸시오.

1 집에 돌아와서 먼저 숙제를 전부 해 버렸습니다.

2 목이 말라서 물을 1ℓ 나 마셔 버렸습니다.

3 모두 운동장으로 나가버려 교실에는 아무도 없습니다.

4 냉장고에 있는 아이스크림을 전부 먹어 버렸습니다.

5 어제 밤 남동생의 일기를 읽어 버렸습니다.

6 드레스가 비싸지만 맘에 들어서 사버렸습니다.

단어힌트

한밤중	夜中	목이 마르다	喉が乾く
냉장고	冷蔵庫	일기	日記
맘에 들다	気に入る	아이스크림	アイスクリム

手術の途中、患者が死んでしまいました。

❶ 手術の途中、患者が死んでしまいました。
수술 도중 환자가 죽고 말았습니다.

❷ 昨日の台風で屋根が飛んでいってしまいました。
어제의 태풍으로 지붕이 날아가 버렸습니다.

❸ 地下鉄の中で財布を取られてしまいました。
지하철 안에서 지갑을 날치기 당해 버렸습니다.

❹ 彼女が男の人と親しく笑っているのをみてしまいました。
그녀가 남자와 친하게 웃고 있는 것을 보고 말았습니다.

❺ 警察の不注意で犯人を逃してしまいました。
경찰의 부주의로 범인을 놓쳐 버렸습니다.

❻ 今まで我慢したけれど、結局彼とけんかをしてしまいました。
지금까지 참았지만, 결국 그와 싸우고 말았습니다.

1) 「동사+てしまう」는 「~해 버리다, ~하고 말다」의 의미로 동작·작용의 완료에 따른 지장·유감스러움을 표현한다.

문형연습

다음 문장을 일본어로 바꾸시오.

1 수업 중에 친구의 안경을 깨뜨리고 말았습니다.

✎ _____

2 입사시험에 떨어지고 말았습니다.

✎ _____

3 얘기에 열중해 내릴 역을 지나쳐 버렸습니다.

✎ _____

4 소설을 읽고 슬퍼서 울어버렸습니다.

✎ _____

5 친구를 만나 끊은 담배를 다시 피우고 말았습니다.

✎ _____

6 일요일에는 배탈이 나 버려서 하루 종일 집에 있었습니다.

✎ _____

단어힌트

안경을 깨뜨리다	眼鏡を壊す	배탈이 나다	お腹を壊す
지나치다	過ぎる	소설	小説
열중하다	夢中になる	담배를 끊다	タバコを止める
입사시험	入社試験		

Unit 078

辛いことは一日も早く忘れようと思っています。

100으로 따라하는 **일본어 문형 통달하기**

---

❶ 辛いことは一日も早く忘れようと思っています。
괴로운 일은 하루라도 빨리 잊으려고 합니다.

❷ マイホームを建てるためにお金をためようと思っています。
내 집을 짓기 위해 돈을 모으려고 합니다.

❸ 買物をする時は品物をよく見て買おうと思っています。
쇼핑을 할 때는 물건을 잘 보고 사려고 합니다.

❹ これからは先生に何でも相談しようと思っています。
이제부터는 선생님에게 뭐든 상담하려고 합니다.

❺ 試験の前にはお酒を飲まないようにしようと思っています。
시험 전에는 술을 마시지 않으려고 합니다.

❻ 今日はなかなか時間が取れないから、明日しようかと思っています。
오늘은 좀처럼 시간을 낼 수 없기 때문에, 내일 할까 합니다.

1) 「동사의지형+と思っている」는 직역하면 「~하려고 생각하고 있다」의 의미로서, 자연스런 우리말 표현으로는 「~하려고 한다」라고 하면 된다. 화자의 의지・의향을 서술하거나, 상대에게 묻거나 하는 표현이다.

① 銀行(은행)

- □ 窓口 창구
- □ 自動落し 자동 이체
- □ 印鑑 인감
- □ 口座番号 계좌번호
- □ 為替 환율
- □ 利息 이자
- □ 整理券 번호표
- □ キャッシュカード 현금카드
- □ 振り込み 이체
- □ 両替 환전
- □ 金利 금리

다음 문장을 일본어로 바꾸시오.

1 올해는 논문을 발표하려고 합니다(생각하고 있습니다).

✎ _____

2 매일 공원까지 조깅하려고 합니다(생각하고 있습니다).

✎ _____

3 내일은 부모님께 편지를 쓰려고 합니다(생각하고 있습니다).

✎ _____

4 올 10월에 그녀와 결혼하려고 합니다(생각하고 있습니다).

✎ _____

5 프랑스에 가면 에펠탑을 구경하려고 합니다(생각하고 있습니다).

✎ _____

6 여름방학에는 일주일 정도 일본에 가려고 합니다(생각하고 있습니다).

✎ _____

단어 힌트

| 조깅하다 | ジョギングをする | 에펠탑 | エペールタワー |
| 구경하다 | 見物(けんぶつ)する | 프랑스 | フランス |

Unit 079

今度こそ約束時間を守るつもりです。

① 今度こそ約束時間を守るつもりです。
이번에야말로 약속시간을 지킬 생각입니다.

② 原稿はできるだけ締め切りまでは書くつもりです。
원고는 가능한 한 마감까지는 쓸 작정입니다.

③ あなたは彼女に何をプレゼントするつもりですか。
당신은 그녀에게 무엇을 선물할 예정입니까?

④ 会議の結果を午前中に社長に報告するつもりです。
회의결과를 오전 중에 사장님에게 보고할 예정입니다.

⑤ 釜山へは飛行機に乗って行くつもりですか。
부산에는 비행기를 타고 갈 예정입니까?

⑥ 今日までレポートを出すつもりでしたが、急に用事ができて書けませんでした。
오늘까지 레포트를 낼 예정이었습니다만, 갑자기 볼일이 생겨서 못썼습니다.

문형설명

1) 「동사+つもりだ」는 「~할 생각(작정・예정)이다」의 의미로서 화자의 의지・의향을 서술하거나, 상대에게 묻거나 하는 표현이다.

 100으로 따라하는 일본어 문형 통달하기

다음 문장을 일본어로 바꾸시오.

1 졸업 하고 나서는 무역회사에 취직할 예정입니다.
   _____

2 다음 달부터는 아르바이트를 그만둘 작정입니다.
   _____

3 대학에서는 경제학을 공부할 예정입니다.
   _____

4 어머니 생신에 손뜨게 스웨터를 선물할 예정입니다.
   _____

5 오후에 미국 출장에 대해 보고할 예정입니다.
   _____

6 다음 주 월요일에는 출국할 예정입니다.
   _____

단어 힌트

손 뜨게 스웨터	手編みのセーター	선물하다	プレゼントする
무역회사	貿易会社	경제학	経済学

Unit 080

8時以降にはできるだけ何も食べないつもりです。

① 8時以降にはできるだけ何も食べないつもりです。

8시 이후에는 가능한 한 아무것도 먹지 않을 작정입니다.

② 病気が治るまでタバコは吸わないつもりです。

병이 나을 때까지 담배는 피지 않을 작정입니다.

③ 派手に見えるスカーフは買わないつもりです。

화려하게 보이는 스카프는 사지 않을 예정입니다.

④ 健康のために甘い物を食べないつもりです。

건강을 위해서 단 것을 먹지 않을 작정입니다.

⑤ 一日に2時間以上テレビを見ないつもりです。

하루에 2시간 이상 TV를 보지 않을 작정입니다.

⑥ 真夏でも30度を超えないとクーラーをつけないつもりです。

한여름이라도 30도를 넘지 않으면 에어컨을 켜지 않을 작정입니다.

1) 「동사+ないつもりだ」는 「~하지 않을 예정(작정·생각)이다」의 의미로서 의지·의향의 부정적인 표현이다.

다음 문장을 일본어로 바꾸시오.

1 졸업할 때까지 귀국하지 않을 생각입니다.

_____

2 역 앞의 식당에는 가지 않을 작정입니다.

_____

3 이제부터 만화책은 읽지 않을 작정입니다.

_____

4 더 이상 은행에서 돈을 빌리지 않을 작정입니다.

_____

5 회사를 그만둔 것은 부모님에게는 말하지 않을 작정입니다.

_____

6 해외에서는 현금은 사용하지 않을 생각입니다.

_____

단어힌트

귀국하다	帰国する	돈을 빌리다	お金を借りる
알리다	知らせる	현금	現金
부모님	両親・親		

Unit 081

息子に会社を任せるつもりはありません。

① 息子に会社を任せるつもりはありません。

아들에게 회사를 맡길 생각은 없습니다.

② 2年も日本に滞在するつもりはありません。

2년이나 일본에 체류할 생각은 없습니다.

③ 政治家になるつもりはありません。

정치가가 될 생각은 없습니다.

④ つまらない映画を最後まで見るつもりはありません。

재미없는 영화를 끝까지 볼 생각은 없습니다.

⑤ お金のために作品を作るつもりはありません。

돈 때문에 작품을 만들 생각은 없습니다.

⑥ いくら両親に会いたくても、まだ国へ帰るつもりはありません。

아무리 부모님을 만나고 싶어도 아직 고국에 돌아갈 생각은 없습니다.

문형설명

1) 「동사+つもりはない」는 「~할 생각은 없다」의 의미로서 의지·의향 그것을 단정적으로 부정하는 표현이다.

문형연습
다음 문장을 일본어로 바꾸시오.

1 아버지는 선생님입니다만, 나는 선생님이 될 생각은 없습니다.

✎ _____

2 의학을 공부하고 있지만, 의사가 될 생각은 없습니다.

✎ _____

3 건강은 좋지 않지만, 입원을 할 생각은 없습니다.

✎ _____

4 돈은 필요하지만, 일할 생각은 없습니다.

✎ _____

5 여기에서 일주일이나 머물 생각은 없습니다.

✎ _____

6 사귀는 사람은 있습니다만, 결혼할 생각은 없습니다.

✎ _____

단어힌트

| 의학 | 医学(いがく) | 입원하다 | 入院(にゅういん)する |
| 사귀다 | 付(つ)き合(あ)う | 묵다·머물다 | 泊(と)まる |

Unit 082

今ベッドで寝ている人は妹のはずです。

■ 100으로 따라하는 **일본어 문형 통달하기**

① 今ベッドで寝ている人は妹のはずです。
지금 침대에서 자고 있는 사람은 여동생일 것입니다.

② 彼が耳にしたことは間違った情報のはずです。
그가 들은 것은 틀린 정보일 것입니다.

③ 銀行から借りたお金を返してくれたのは父のはずです。
은행에서 빌린 돈을 갚아 준 것은 아버지일 것입니다.

④ 母の財布に入っているキャッシュカードは3枚のはずです。
어머니의 지갑에 들어있는 현금카드는 3장일 것입니다.

⑤ 母が今一番欲しがっているのは大型冷蔵庫のはずです。
어머니가 지금 가장 갖고 싶어하는 것은 대형 냉장고일 것입니다.

⑥ 彼女の人生で今がもっとも幸せな時間のはずです。
그녀의 인생에서 지금이 가장 행복한 시간일 것입니다.

1) 「명사+のはずだ」는 「~일 것이다」의 의미로서 사실・예정 등에서 근거 있는 추정판단을 나타낸다. 「つもり」보다는 확신의 강도가 보다 강하다고 할 수 있다.

다음 문장을 일본어로 바꾸시오.

1 롯데백화점의 정기휴일은 화요일일 겁니다.

　✎ _____

2 그녀가 산 구두는 빨강 색일 겁니다.

　✎ _____

3 지갑에 들어있는 돈은 2만원일 겁니다.

　✎ _____

4 A대학은 내일부터 시험일 겁니다.

　✎ _____

5 회사 월급날은 매달 17일일 겁니다.

　✎ _____

6 부모님은 지금쯤 식사 중일 겁니다.

　✎ _____

단어힌트

정기휴일	定休日(ていきゅうび)	월급날	給料日(きゅうりょうび)
지금쯤	今頃(いまごろ)	지갑	財布(さいふ)

Unit 083

もう2時だから食事は終わっているはずです。

① もう2時だから食事は終わっているはずです。
벌써 2시니까 식사는 끝났을 겁니다.

② 二人はハワイでせっかくの休暇を楽しんでいるはずです。
두 사람은 하와이에서 모처럼의 휴가를 즐기고 있을 겁니다.

③ 学位論文ではあの作品に関する意見が書いているはずです。
학위논문에서는 그 작품에 관한 의견이 쓰여져 있을 겁니다.

④ 背が高い人だからモデルとしても成功するはずです。
키가 큰 사람이기 때문에 모델로서도 성공할 겁니다.

⑤ 私より先に出発したから約束の場所に着いているはずです。
나보다 먼저 출발했기 때문에 약속장소에 도착해 있을 겁니다.

⑥ 強い人だから母を亡くした悲しみも耐えられるはずです。
강한 사람이기 때문에 어머니를 여읜 슬픔도 견딜 수 있을 겁니다.

1) 「동사+はずだ」는 「필시 ~할거다」의 의미로서 사실・예정 등 근거 있는 추정판단을 나타낸다.

① 身体(신체)

  ☐ 背が低い(チビだ) 키가 작다 ☐ 背が高い 키가 크다

  ☐ 小柄だ(小粒だ) 몸집이 작다 ☐ ノッポ 껑충이

  ☐ 背が高からず低からず中背 크지도 작지도 않은 보통 키

문형연습

다음 문장을 일본어로 바꾸시오.

1 1시간 후에는 서울에 도착할 겁니다.

✎ _____

2 이군은 약속시간을 반드시 지킬 겁니다.

✎ _____

3 아버지는 지금쯤 집에서 TV를 보고 있을 겁니다.

✎ _____

4 그는 춘천에 머물고 있을 겁니다.

✎ _____

5 오전 면접은 이미 끝났을 겁니다.

✎ _____

6 김군은 올해 겨우 졸업할 겁니다.

✎ _____

단어힌트

면접	面接(めんせつ)	겨우	やっと
졸업하다	卒業(そつぎょう)する	약속을 지키다	約束(やくそく)を守(まも)る

Unit 084

癌で夫を亡くしたから、大変悲しいはずです。

■ 100으로 따라하는 **일본어 문형 통달하기** ■

① 癌で夫を亡くしたから、大変悲しいはずです。
암으로 남편을 잃었기 때문에, 굉장히 슬플 겁니다.

② ラッシュアワーの時はタクシーより地下鉄のほうが早いはずです。
러시아워 때는 택시보다 지하철 쪽이 빠를 겁니다.

③ お酢を入れすぎていつもよりすっぱいはずです。
식초를 너무 넣어서 보통 때보다 실 겁니다.

④ ソウル大学に入るためにはよほど勉強しないと難しいはずです。
서울대학교에 들어가기 위해서는 어지간히 공부하지 않으면 어려울 겁니다.

⑤ 有名なデザイナーのドレスだからきっと高いはずです。
유명한 디자이너의 드레스여서 틀림없이 비쌀 겁니다.

⑥ 彼の奥さんは有名な俳優だから美しいはずです。
그의 부인은 유명한 배우이기 때문에 아름다울 겁니다.

1) 「イ형용사+はずだ」는 「~일 것이다」의 의미로서 사실・예정 등 근거 있는 추정판단을 나타낸다.

① 職業(직업)

- □ デザイナー 디자이너
- □ 公務員 공무원
- □ 店員 점원
- □ OL 여사무원
- □ 俳優 배우
- □ カメラマン 카메라맨
- □ 教授 교수
- □ 銀行員 은행원
- □ 弁護士 변호사

 **문형연습**
다음 문장을 일본어로 바꾸시오.

1 사무실은 지하철역에서 가까울 겁니다.

✎ _____

2 사이판은 적도 근처라서 더울 겁니다.

✎ _____

3 동경에서 이 정도의 맨션은 비쌀 겁니다.

✎ _____

4 어머니가 만든 요리니까 맛있을 겁니다.

✎ _____

5 오랜만에 친한 친구를 만났으니 기쁠 겁니다.

✎ _____

6 큐슈의 겨울은 도쿄보다 따뜻할 겁니다.

✎ _____

단어힌트

사이판	サイパン	적도	赤道(せきどう)
맨션	マンション	친하다	親(した)しい
기쁘다	うれしい	따뜻하다	暖(あたた)かい

Unit 085

病院の食堂は患者の衛生を考えているから清潔なはずです。

❶ 病院の食堂は患者の衛生を考えているから清潔なはずです。
병원 식당은 환자의 위생을 생각하고 있기 때문에 청결할 것입니다.

❷ 田舎に住んでいる人の方が都会の人より心が豊かなはずです。
시골에 살고 있는 사람이 도시 사람보다 마음이 풍요로울 것입니다.

❸ 彼は一度も欠席していない人だからとても真面目なはずです。
그는 한 번도 결석하지 않은 사람이기 때문에 굉장히 성실할 것입니다.

❹ 自分が学費を稼いでいるのでお金に関してはケチなはずです。
자신이 학비를 벌고 있기 때문에 돈에 관해서는 인색할 것입니다.

❺ 彼女は外見は暗く見えますが、以外と朗らかなはずです。
그녀는 외관은 어둡게 보이지만, 의외로 쾌활할 것입니다.

❻ A病院の施設はこの都市で一番立派なはずです。
A병원의 시설은 이 도시에서 가장 훌륭할 것입니다.

1) 「ナ형용사+はずだ」는「~일 것이다」의 의미로서 사실・예정 등 근거 있는 추정판단을 나타낸다.

① 診療科(진료과)

- 内科　내과
- 外科　외과
- 小児科　소아과
- 産婦人科　산부인과
- 神経科　신경과
- 整形外科　성형외과
- 耳鼻咽喉科　이비인후과
- 肛門科　항문과
- 皮膚科　피부과

다음 문장을 일본어로 바꾸시오.

1 신제품의 사용법은 간단할 겁니다.

✎ _____

2 일본의 치안은 다른 나라보다 안전할 겁니다.

✎ _____

3 가죽제품의 가방은 튼튼할 겁니다.

✎ _____

4 수업이 끝난 교실은 조용할 겁니다.

✎ _____

5 이 생선은 산지직송이라 신선할 겁니다.

✎ _____

6 유명한 가수니까 의상도 화려할 겁니다.

✎ _____

단어 힌트

신제품	新製品(しんせいひん)	가죽	皮(かわ)
튼튼하다	丈夫(じょうぶ)だ	산지직송	産地直送(さんちちょくそう)
의상	衣裳(いしょう)	유명한	有名(ゆうめい)な

Unit 086

献立表を見ても何を食べたらいいか よく分かりません。

■ 100으로 따라하는 **일본어 문형 통달하기**

❶ 献立表を見ても何を食べたらいいかよく分かりません。
메뉴판을 봐도 무엇을 먹으면 좋을 지 잘 모르겠습니다.

❷ 地図の上では日光がどこにあるか分かりにくいですね。
지도상에서는 닛코가 어디에 있는지 알기 힘드네요.

❸ 母があなたのことをどれほど心配しているか分かっていますか。
어머니가 당신을 얼마나 걱정하고 있는지 알고 있습니까?

❹ 温泉旅行はどの旅行社がいいかご存じですか。
온천 여행은 어느 여행사가 좋은지 알고 계십니까?

❺ 両親の結婚記念日に何をプレゼントしたら喜ぶか教えてください。
부모님의 결혼기념일에 무엇을 선물하면 기뻐하실 지 가르쳐 주십시오.

❻ 小包の中身が何なのかとても知りたいですね。
소포의 내용물이 무엇인지 굉장히 알고 싶네요.

 **문형설명**

1) 「의문のことば ~か 」는 「 ~한지(인지)」의 의미로서 의문의 말을 이어 받아, 그것을 부정·불확실한 것으로써 나타낸다.

 **관련어휘**

① お祝(축하)

- ☐ 結婚記念日 결혼기념일
- ☐ 還暦 환갑
- ☐ 栄転 영전
- ☐ 受賞 수상
- ☐ 開業 개업
- ☐ 誕生日 생일
- ☐ 昇進 승진
- ☐ 優勝 우승
- ☐ 就任 취임
- ☐ 新築 신축

문형연습

다음 문장을 일본어로 바꾸시오.

1 대학 졸업 후 무엇을 할지 아직 정하지 않았습니다.

✎ _____

2 부장님은 지금 회의중입니다만, 언제 끝날지 모릅니다.

✎ _____

3 그가 지금 어디를 여행하고 있는지 엽서를 보고 알았습니다.

✎ _____

4 생일 선물을 어떻게 전할지 생각하고 있습니다.

✎ _____

5 오늘 점심은 무엇으로 할까 고민하고 있습니다.

✎ _____

6 서점에 가서 어떤 책을 사면 좋을지 점원에게 묻습니다.

✎ _____

단어힌트

엽서	ハガキ	전하다	伝える
고민하다	悩む	점원	店員
서점	書店	점심	昼食

Unit 087

父の好きな歌手がこの人かどうかよく思い出せません。

① 父の好きな歌手がこの人かどうかよく思い出せません。
   아버지가 좋아하는 가수가 이 사람인지 아닌지 잘 생각나지 않습니다.

② 胃の弱い人が飲んでもいい薬かどうか医者に聞いてみましょう。
   위가 약한 사람이 먹어도 좋은 약인 지 아닌지 의사에게 물어 봅시다.

③ 彼が平社員かどうかはあまり関係ありません。
   그가 평사원인지 아닌지는 그다지 상관없습니다.

④ 出張先が大阪かどうかまだ決まっていません。
   출장지가 오사카일지 어딘지 아직 정해지지 않았습니다.

⑤ 山村さんがまだ独身かどうかだれも知りません。
   야마무라씨가 아직 독신인지 아닌지 아무도 모릅니다.

⑥ 今年このデザインが流行るかどうかはだれも予想できません。
   올해 이 디자인이 유행할지 어떨지는 아무도 예상할 수 없습니다.

1) 「명사+かどうか」는 「~인지 아닌지, ~할지 어떨지」의 의미로서 의문의 말을 받아 그것의 미정, 불확실함을 나타낸다.

① デザイン(디자인)
- ☐ はやりのデザイン　유행하는 디자인
- ☐ 最先端のデザイン　최첨단 디자인
- ☐ 流行遅れのデザイン　유행에 뒤진 디자인
- ☐ 斬新なデザイン　참신한 디자인
- ☐ ユニークなデザイン　재미있는 디자인
- ☐ 平凡なデザイン　평범한 디자인
- ☐ 大胆なデザイン　대담한 디자인
- ☐ 洗練されたデザイン　세련된 디자인
- ☐ ごてごてしたデザイン　난잡한 디자인

다음 문장을 일본어로 바꾸시오.

1. 나에게 어울리는 헤어스타일인지 어떤지 봐주세요.

2. 너무 따뜻해서 지금이 겨울인지 아닌지 모르겠습니다.

3. 이 다이아몬드가 진짜인지 아닌지 감정해 주세요.

4. 토마토가 야채인지 아닌지는 나라마다 다릅니다.

5. 그가 정말 정치가인지 아닌지 의심스럽습니다.

6. 여기가 섬의 남쪽인지 아닌지 지도를 보고 있습니다.

단어힌트

헤어스타일	ヘアスタイル	어울리다	似合う
다이아몬드	ダイアモンド	진짜	本物
감정	鑑定	의심스럽다	疑わしい
지도	地図		

Unit 088

この案が通るかどうかはまだ未知数です。

■ 100으로 따라하는 **일본어 문형 통달하기**

① この案が通るかどうかはまだ未知数です。

이 안이 통과할 지 어떨지는 아직 미지수입니다.

② このスーツが私に似合うかどうか見てください。

이 정장이 내게 어울리는지 어떤지 봐 주세요.

③ 妹が高校を卒業したら就職するかどうかは分かりません。

여동생이 고등학교를 졸업하면 취직을 할 것인지 어떨지는 모릅니다.

④ 今年ショートのヘアスタイルが流行るかどうか全く予想が付きません。

올해 컷트 스타일이 유행할 것인지 어떨 지 전혀 예상할 수 없습니다.

⑤ イギリスへ留学することができるかどうかは成績が重要です。

영국에 유학할 수 있을지 어떨지는 성적이 중요합니다.

⑥ 中国の旅行中に吉林省に寄るかどうかまだ話し中です。

중국 여행 중에 길림성에 들릴 지 어떨 지 아직 이야기 중입니다.

1) 「동사+かどうか」는 「~한지 어떨지」의 의미로서 의문의 말을 받아 그 것의 미정, 불확실한 것으로 나타낸다.

① ~中 (~중)

- □ 勉強中　공부 중
- □ 準備中　준비 중
- □ 授業中　수업 중
- □ 運転中　운전 중
- □ 工事中　공사 중
- □ 会議中　회의 중
- □ 出張中　출장 중
- □ 食事中　식사 중

문형연습
다음 문장을 일본어로 바꾸시오.

1 이씨가 영화관에 갈지 어떨지 아직은 모릅니다.

✎ _____

2 지금 가면 전차시간에 댈지 어떨지 걱정입니다.

✎ _____

3 곧장 가면 역이 나올지 어떨지 물어봅니다.

✎ _____

4 비가 올지 어떨지 일기예보를 들어 봅시다.

✎ _____

5 다음 달에 이사할지 어떨지 아직 결정하지 않았습니다.

✎ _____

6 딸이 올해 귀국할지 어떨지 아직 모릅니다.

✎ _____

단어힌트

영화관	映画館(えいがかん)	다음 달	来月(らいげつ)
결정하다	決(き)める	귀국하다	帰国(きこく)する

Unit 089

今度引っ越しする家が広いかどうかは別に気にしません。

① 今度引っ越しする家が広いかどうかは別に気にしません。
이번에 이사하는 집이 넓은지 어떤지 별로 신경 쓰지 않습니다.

② キムチが辛いかどうか味見をしてください。
김치가 매운지 어떤지 맛을 봐 주세요.

③ あなたの背が私より高いかどうか比べてみましょう。
당신의 키가 나보다 큰지 어떤지 비교해 봅시다.

④ 明日は寒いかどうか天気予報を聞いてみましょう。
내일은 추울지 어떨지 날씨예보를 들어 봅시다.

⑤ 波が高いかどうかによって漁獲高も違ってきます。
파도가 높은지 어떤지에 따라 어획고도 달라집니다.

⑥ 美人の条件として鼻が高いかどうかは重要なことです。
미인의 조건으로서 코가 높은지 어떤지는 중요한 것입니다.

1) 「イ형용사+かどうか」는 「~일지 어떨지」의 의미로서 의문의 말을 받아 그것의 미정, 불확실한 것으로 나타낸다.

1) ~高(금액)

- 残高 잔고
- 締め高 총액
- 総高 총액
- 現高 현재 금액
- 売れ高 매상고

2) 気(기질)

- 気軽い 소탈하다
- 気掛かり 걱정
- 気難しい 까다롭다
- 気働き (임기응변의)재치
- 気落ち 낙심
- 気まぐれ 변덕쟁이
- 気負い 기를 쓰다
- 気安い 허물없다

다음 문장을 일본어로 바꾸시오.

1 이 답이 맞을지 어떨지 자신은 없습니다.

✎ _____

2 영화가 재미있을지 어떨지 판단해 주세요.

✎ _____

3 불고기가 맛있을지 어떨지 모르지만 많이 드세요.

✎ _____

4 내가 살 가구가 싼지 어떤지 당신이 봐 주세요.

✎ _____

5 오디오는 스피커의 성능이 좋은지 어떤지가 중요합니다.

✎ _____

6 홋카이도의 여름은 시원한지 어떤지 여행 가이드북을 읽고 있습니다.

✎ _____

단어힌트

불고기	焼き肉	가구	家具
오디오	オーディオ	스피커	スピーカ
성능	性能	가이드북	ガイドブック
홋카이도	北海道		

Unit 090

金君が真面目かどうかは心配しなくてもいいです。

1 金君が真面目かどうかは心配しなくてもいいです。
김군이 성실한 지 어떤 지는 걱정하지 않아도 좋습니다.

2 その国が平和かどうかは国民の表情で分かります。
그 나라가 평화로운지 어떤 지는 국민의 표정으로 알 수 있습니다.

3 あなたの英語が上手かどうかみんなの前で話してみてください。
당신의 영어실력이 능숙한 지 어떤 지 사람들의 앞에서 이야기해 보세요.

4 この座席が楽かどうかは座ってみたら分かります。
이 좌석이 편할 지 어떤 지는 앉아 보면 알 수 있습니다.

5 この新しい列車の性能が優秀かどうかはすでにチェックしました。
이 새 열차의 성능이 우수한지 어떤지는 이미 체크했습니다.

6 今度のテストが駄目かどうかは結果をみないと分かりません。
이번 테스트가 실패일지 어떨지는 결과를 보지 않으면 모릅니다.

1) 「ナ형용사+かどうか」는「~일지 어떤(떨)지」의 의미로서 의문의 말을 받아 그것의 미정, 불확실한 것으로 나타낸다.

① 表情(표정)

- ☐ 明るい表情 밝은 표정
- ☐ 暗い表情 어두운 표정
- ☐ 陰がある表情 그늘진 표정
- ☐ 優しい表情 상냥한 표정
- ☐ おっかない表情 무서운 표정
- ☐ けわしい表情 험한 표정

다음 문장을 일본어로 바꾸시오.

1. 해외에 있는 아들이 무사한지 어떤지 항상 걱정입니다.
   _____

2. 집이 쾌적한지 어떤지는 살고 있는 사람이 제일 잘 압니다.
   _____

3. 이라크 지역이 지금도 위험한지 어떤지 뉴스를 듣고 있습니다.
   _____

4. 가스기구가 안전한지 어떤지 매월 체크하고 있습니다.
   _____

5. 젊은 여성들이 결혼에 대해 긍정적인지 어떤지 조사했습니다.
   _____

6. 신제품의 가방이 튼튼한지 어떤지 테스트를 하고 있습니다.
   _____

단어힌트

가스기구	ガス器具	체크하다	チェックする
긍정적이다	肯定的だ	튼튼하다	丈夫だ
신제품	新製品	테스트	テスト

Unit 091

あなたという人は本当に鈍感ですね。

① あなたという人は本当に鈍感ですね。
당신이라는 사람은 정말로 둔하군요.

② 日本がほこる新幹線という列車はどれほど速いですか。
일본이 자랑하는 신칸센이라는 열차는 어느 정도 빠릅니까?

③ 人間の寿命というのは定められたものです。
인간의 수명이라고 하는 것은 정해진 것입니다.

④ コンピューターというのは日常生活になくてはならないものになりました。
컴퓨터란 것은 일상생활에 없어서는 안 되는 것이 되었습니다.

⑤ お年寄りにとっても運動というのは必ず必要です。
노인에게 있어서도 운동이라고 하는 것은 반드시 필요합니다.

⑥ IMFというのは何の略なのかご存じですか。
IMF라고 하는 것은 무슨 약자인지 알고 계십니까?

1) 「명사+という~」는 「~라고 하는」의 의미로서 앞의 어구를 받아 뒤의 어구와 동격·내용설명인 것을 나타낸다.

① 性格(성격)

- □ 鈍感だ 둔감하다
- □ 無邪気だ 천진난만하다
- □ 卑怯だ 비겁하다
- □ 打算的だ 타산적이다
- □ 純粋だ 순수하다
- □ 素朴だ 소박하다
- □ いい加減だ 무책임하다
- □ ずるい 뻔뻔하다

다음 문장을 일본어로 바꾸시오.

1. '동양의 하와이'라는 제주도에 가고 싶지 않습니까?

   ✎ _____

2. '밀크소다'라는 새로운 음료수를 마셔본 적이 있습니까?

   ✎ _____

3. '발렌타인 데이'란 무슨 날이고, 언제 입니까?

   ✎ _____

4. NASA에서 발사한 것은 '해바라기'라는 우주선입니다.

   ✎ _____

5. '링'이라는 영화를 봤습니까?

   ✎ _____

6. '다테마에'라는 말이 무슨 의미인지 설명해 주세요.

   ✎ _____

단어힌트

밀크소다	ミルクソーダ	발렌타인 데이	バレンタインデー
발사하다	打ち上げる	해바라기	ひまわり
우주선	宇宙船(うちゅうせん)	말	言葉(ことば)
표면상	建前(たてまえ)	설명하다	説明(せつめい)する
링	リング		

Unit 092

今朝彼から会社を辞めるという話を聞いてびっくりしました。

■ 100으로 따라하는 **일본어 문형 통달하기**

❶ 今朝彼から会社を辞めるという話を聞いてびっくりしました。
오늘 아침 그에게 회사를 그만두겠다는 이야기를 듣고 깜짝 놀랐습니다.

❷ 20年も弾き続けているというのに「演奏会」はちょっと緊張しますね。
20년이나 계속 치고 있는데도 「연주회」는 좀 긴장되네요.

❸ 警察が今度の事件と絡んでいるという情報を入手しました。
경찰이 이번 사건과 관련 있다는 정보를 입수했습니다.

❹ 彼女が独学で日本語を勉強しているというのは本当ですね。
그녀가 독학으로 일본어를 공부하고 있다는 것은 정말이군요.

❺ 妹が内緒でお金を貯めているということは以外のことです。
여동생이 몰래 돈을 모으고 있다고 하는 것은 의외의 일입니다.

❻ この子のために特別に開発した薬を飲んでいるというのは幸なことです。
이 아이를 위해 특별히 개발한 약을 먹고 있다고 하는 것은 다행스러운 일입니다.

1) 「동사+という~」는 「~라고 하는」의 의미로서 앞의 어구를 받아, 뒤의 어구와 동격·내용설명인 것을 나타낸다.

① 薬(약)

- 丸薬 환약
- 座薬 좌약
- 散薬 가루약
- 薬を飲む 약을 먹다
- 薬を調合する 약을 조제하다
- 薬が効く 약이 듣다

- 錠剤 정제
- 水薬 물약
- カプセル 캅셀
- 薬を塗る 약을 바르다
- 薬を投与する 약을 투여하다
- 座薬を差す 좌약을 넣다

문형연습
다음 문장을 일본어로 바꾸시오.

1. 다음 달 캐나다에서 귀국한다는 연락이 있었습니다.
   ✎ _____

2. 부장님에게 회의에 조금 늦는다는 전화가 있었습니다.
   ✎ _____

3. 당신이 복용한다는 것이 이 가루약입니까?
   ✎ _____

4. 사진의 이 남자가 당신의 애인이라는 사람입니까?
   ✎ _____

5. 이 다리가 내일부터 통행 할 수 없다는 것이 정말입니까?
   ✎ _____

6. 주가가 내려가고 있다는 뉴스를 들었습니다.
   ✎ _____

단어힌트

가루약	粉薬・散薬	정말이다	本当だ
애인	恋人	주가	株価
다리	橋	통행	通行
내려가다	下がる	뉴스	ニュース

Unit 093

彼女の横顔が美しいというのは有名な話です。

① 彼女の横顔が美しいというのは有名な話です。
그녀의 옆모습이 아름답다는 것은 유명한 이야기입니다.

② 触れてみて固いというのは安物の証拠です。
만져봐서 딱딱하다는 것은 싼 물건인 증거입니다.

③ ソウルの夜景が素晴らしいという外国人もたくさんいます。
서울의 야경이 멋있다는 외국인도 많이 있습니다.

④ 見て怖くないというホラー映画は失敗した作品です。
봐서 무섭지 않은 공포영화는 실패한 작품입니다.

⑤ 全州のビビンパがおいしいという評判は全国的に知られています。
전주 비빔밥이 맛있다는 평판은 전국적으로 알려져 있습니다.

⑥ A社の製品がB社のより高いというのは原料が違うからです。
A사의 제품이 B사의 제품보다 비싸다는 것은 원료가 다르기 때문입니다.

문형설명

1) 「イ형용사+という」는 「~라고 하는」의 의미로서 앞의 어구를 받아, 뒤의 어구와 동격·내용 설명인 것을 나타낸다.

관련어휘

① ~物

- 干物 말린 식품
- 金物 철물
- 落し物 분실물
- 宝物 보석
- 傷物 흠 있는 물건
- 拾い物 습득물

- 見物 구경거리
- 読み物 읽을거리
- 掛け物 액자
- 建物 건물
- 写し物 베낀 것

문형연습

다음 문장을 일본어로 바꾸시오.

1 이 가게가 다른 가게보다 싸다는 것은 누구라도 알고 있습니다.

✎ _____

2 알프스의 설경이 아름답다는 것은 말할 필요가 없습니다.

✎ _____

3 역 앞 찻집의 커피가 맛있다는 것은 정말입니다.

✎ _____

4 이 문제가 쉽다라고 하는 사람은 없었습니다.

✎ _____

5 수학이 어렵다는 학생이 의외로 많았습니다.

✎ _____

6 사장님이 지금 바쁘다는 것은 모두 알고 있습니다.

✎ _____

단어힌트

알프스	アルプス	설경	雪景色(ゆきげしき)
찻집	喫茶店(きっさてん)	말할 필요가 없다	言(い)うまでもない
의외로	意外(いがい)と	많다	多(おお)い

Unit 094

鶏肉が嫌いだというのは本当ですか。

■ 100으로 따라하는 **일본어 문형 통달하기**

① 鶏肉が嫌いだというのは本当ですか。
닭고기를 싫어한다는 것이 정말이세요?

② 恋人から「あなたが好きだ」という話を聞いてうれしかったです。
애인에게「당신을 사랑한다」라는 이야기를 듣고 기뻤습니다.

③ 身分が確かだという保証さえあれば入会できます。
신분이 성실하다는 보증만 있으면 입회할 수 있습니다.

④ 会社で一番真面目だという人が今日は遅刻ですね。
회사에서 가장 정확하다고 하는 사람이 오늘은 지각이군요.

⑤ 彼にとって暇だという期間は1ヶ月だけです。
그에게 있어서 한가한 기간은 일 개월뿐입니다.

⑥ 今の健康状態では海外旅行は無理だという診断結果が出ました。
지금의 건강상태로는 해외여행은 무리라는 진단 결과가 나왔습니다.

 문형설명

1) 「ナ형용사+という」는 「~라고 하는」의 의미로서 앞의 어구를 받아, 뒤의 어구와 동격·내용설명인 것을 나타낸다.

 관련어휘

① 肉(고기)

- 豚肉 돼지고기
- 桜肉 말고기
- 雑肉 허드렛 고기
- 牛肉 쇠고기
- 羊肉 양고기
- 骨肉 골육

② 野菜(야채)

- きゅうり 오이
- ごぼう 우엉
- 大根 무
- 白菜 배추
- れんこん 연근
- にら 부추
- かぼちゃ 단 호박
- ほうれん草 시금치
- ねぎ 파
- にんにく 마늘
- キャベツ 양배추
- にんじん 당근

문형연습
다음 문장을 일본어로 바꾸시오.

1 요리솜씨가 상당하다는 것이 사실이군요.
　✎ _____

2 자신은 언제나 건강하다는 과신은 오히려 위험합니다.
　✎ _____

3 김군이 착실하다는 것은 선생님도 알고 있습니다.
　✎ _____

4 서울의 지하철이 위험하다는 것은 정부도 알고 있습니다.
　✎ _____

5 골프를 잘한다는 소문은 거짓말이 아니었습니다.
　✎ _____

6 정직하다고 하는 것은 인생에서 무엇보다 큰 재산입니다.
　✎ _____

단어힌트

요리솜씨	料理の腕前	과신	過信
오히려	かえって	정부	政府
무엇보다	何より	재산	財産

Unit 095

新入社員は日本語の上手な人でなくてはいけません。

① 新入社員は日本語の上手な人でなくてはいけません。
신입사원은 일본어가 능숙한 사람이 아니면 안됩니다.

② 老人ホームに入るには65才以上の人でなくてはなりません。
양로원에 들어가는 데는 65세 이상의 사람이 아니면 안됩니다.

③ めでたい時の色は紅白でなくはなりません。
경사스러울 때의 색깔은 홍백색이 아니면 안됩니다.

④ 銀行の警備は厳重な心構えでなくてはなりません。
은행의 경비는 엄중한 마음가짐이 아니면 안됩니다.

⑤ 料理の先生は手先が器用な人でなくてはいけません。
요리 선생님은 손재주가 있는 사람이 아니면 안됩니다.

⑥ この炎症の治療は専門医でなくてはいけません。
이 염증치료는 전문의사가 아니면 안됩니다.

문형설명

1) 「명사+でなくてはいけない、でなくてはならない」는 「~가 아니면 안된다」의 의미로서 의무・당연・필요를 나타낸다.

관련어휘

100으로 따라하는 **일본어 문형 통달하기**

① 医者(의사)

- □ 内科医　내과의
- □ 女医　여의사
- □ 名医　명의
- □ 獣医　수의사
- □ 主治医　주치의
- □ 軍医　군의
- □ 良医　양의
- □ 臨床医　임상의
- □ 侍医　어의
- □ 針医　침술가

문형연습
다음 문장을 일본어로 바꾸시오.

1 한국의 군대는 남자가 아니면 안됩니까?

　_____

2 이 기계의 조립은 전문가가 아니면 안됩니다.

　_____

3 이 영화의 주인공은 미인이 아니면 안됩니다.

　_____

4 결혼 상대자는 의사가 아니면 안됩니다.

　_____

5 이 책을 읽는 사람은 20세 이상이 아니면 안 됩니다.

　_____

6 감기에는 이 약이 아니면 안 됩니다.

　_____

단어힌트

군대	軍隊(ぐんたい)	기계	機械(きかい)
조립	組(く)み立(た)て	전문가	専門家(せんもんか)
결혼상대	結婚相手(けっこんあいて)		

Unit 096

運賃は現金で支払わなくてはいけません。

■ 100으로 따라하는 **일본어 문형 통달하기**

❶ 運賃は現金で支払わなくてはいけません。

운임은 현금으로 지불하지 않으면 안됩니다.(지불해야 합니다)

❷ ケーキはなるべく早く食べなくてはいけません。

케익은 가능한 한 빨리 먹지 않으면 안됩니다.(먹어야 합니다)

❸ 生ごみはすぐ腐るから早く捨てなくはいけません。

음식물 쓰레기는 금방 썩기 때문에 빨리 버리지 않으면 안됩니다.(버려야 합니다)

❹ 室内では帽子を脱がなくてはいけません。

실내에서는 모자를 벗지 않으면 안됩니다.(벗어야 합니다)

❺ パーティーに来る人はスーツを着なくてはいけません。

파티에 오는 사람은 정장을 입지 않으면 안됩니다.(입어야 합니다)

❻ この大学に入学するためには平均80点以上を取らなくてはいけません。

이 대학교에 입학하기 위해서는 평균80점 이상을 맞지 않으면 안됩니다.(맞아야 합니다)

1) 「동사+なくてはいけない、なくてはならない」는 「~하지 않으면 안된다(해야 한다)」의 의미로서 의무·당연·필요를 나타낸다.

① ~賃(요금)

- 家賃 집세
- 手間賃 품삯
- 労賃 노임
- 運賃 운임
- 宿賃 숙박료
- 渡し賃 나룻 삯
- 駄賃 심부름 삯

문형연습
다음 문장을 일본어로 바꾸시오.

1 이 약은 식후에 먹지 않으면 안됩니다.(먹어야 합니다)

✎ _____

2 공장에서는 작업복을 입지 않으면 안됩니다.(입어야 합니다)

✎ _____

3 잘 때는 선풍기를 끄지 않으면 안됩니다.(꺼야 합니다)

✎ _____

4 질문에 대답할 때는 자리에서 일어나지 않으면 안됩니다.(일어나야 합니다)

✎ _____

5 친구와의 약속은 반드시 지키지 않으면 안됩니다.(지켜야 합니다)

✎ _____

6 이 역에서 2호선으로 갈아타지 않으면 안됩니다.(갈아타야 합니다.)

✎ _____

단어힌트

식후	食後(しょくご)	작업복	作業服(さぎょうふく)
선풍기	扇風機(せんぷうき)	지키다	守(まも)る
갈아타다	乗(の)り換(か)える		

Unit 097

冬の室内は暖かなくてはいけません。

① 冬の室内は暖かくなくてはいけません。

겨울의 실내는 따뜻하지 않으면 안됩니다.(따뜻해야 합니다)

② 掛け布団は軽くなくてはいけません。

이불은 가볍지 않으면 안됩니다.(가벼워야 합니다)

③ 色はどんな色でもいいですが、質は良くなくてはいけません。

색깔은 어떠한 색이라도 좋지만, 질은 좋지 않으면 안됩니다.(좋아야 합니다)

④ 主人公のヘアスタイルは長くなくてはなりません。

주인공의 헤어스타일은 길지 않으면 안됩니다.(길어야 합니다)

⑤ 水泳選手の髪は短くなくてはいけません。

수영선수의 머리카락은 짧지 않으면 안됩니다.(짧아야 합니다)

⑥ トランペットを吹く人は肺活量が大きくなくてはいけません。

트럼펫을 부는 사람은 폐활량이 크지 않으면 안됩니다.(커야 합니다)

1) 「イ형용사+なくてはいけない、なくてはならない」는 「~하지 않으면 안 된다 (해야 한다)」의 의미로서 의무・당연・필요를 나타낸다.

① ~量(~양)

- ☐ 減量 감량
- ☐ 器量 기량
- ☐ 多量 다량
- ☐ 力量 역량
- ☐ 微量 미량
- ☐ 容量 용량
- ☐ 軽量 경량
- ☐ 不器量 재주가 없음(못생김)
- ☐ 音量 음량
- ☐ 分量 분량
- ☐ 数量 수량

문형연습

다음 문장을 일본어로 바꾸시오.

1 컴퓨터의 사용법은 알기 쉽지 않으면 안됩니다.(알기 쉬워야 합니다)

2 맥주는 겨울에도 차갑지 않으면 안됩니다.(차가워야 합니다)

3 야구선수는 특히 발이 빠르지 않으면 안됩니다.(빨라야 합니다)

4 환자가 먹는 음식은 부드럽지 않으면 안됩니다.(부드러워야 합니다)

5 한국인에게 김치는 역시 맵지 않으면 안됩니다.(매워야 합니다)

6 한국사회에서 남자는 강하지 않으면 안됩니다.(강해야 합니다)

단어힌트

| 컴퓨터 | コンピュータ | 차갑다 | 冷(つめ)たい |
| 야구선수 | 野球選手(やきゅうせんしゅ) | 부드럽다 | 柔(やわ)らかい |

Unit 098

公務員は親切でなくてはいけません。

■ 100으로 따라하는 **일본어 문형 통달하기**

① 公務員は親切でなくてはいけません。

공무원은 친절하지 않으면 안됩니다.(친절해야 합니다)

② 国を代表するスポーツ選手は真面目でなくてはいけません。

나라를 대표하는 스포츠선수는 성실하지 않으면 안됩니다.(성실해야 합니다)

③ 都会の生活はまず便利でなくてはなりません。

도시생활은 우선 편리하지 않으면 안됩니다.(편리해야 합니다)

④ 犯人だという証拠が充分でなくてはなりません。

범인이라는 증거가 충분하지 않으면 안됩니다.(충분해야 합니다)

⑤ 先生になる人はまず人格が立派でなくてはなりません。

선생님이 될 사람은 먼저 인격이 훌륭하지 않으면 안됩니다.(훌륭해야 합니다)

⑥ 偉い人になるためには何事にも熱心でなくてはなりません。

훌륭한 사람이 되기 위해서는 무슨 일이라도 열심히 하지 않으면 안됩니다.(열심히 해야 합니다)

1) 「ナ형용사+なくてはいけない、なくてはならない」는 「~하지 않으면 안된다 (해야한다)」의 의미로서 의무・당연・필요를 나타낸다.

① 住宅(주택)

- 持ち家 자기 집
- 借家 빌린 집
- 賃貸住宅 임대주택
- 間借り 방 만 빌림
- 空家 빈집
- 貸家 빌려준 집
- 分譲住宅 분양주택
- 貸間 방 만 빌려줌
- 売家 팔 집

문형연습

다음 문장을 일본어로 바꾸시오.

1. 화장실은 특히 청결하지 않으면 안됩니다.(청결해야 합니다)

2. 회사의 업무는 능률적이지 않으면 안됩니다.(능률적이어야 합니다)

3. 건물은 무엇보다도 안전하지 않으면 안됩니다.(안전해야 합니다)

4. 회는 특히 신선하지 않으면 안됩니다.(신선해야 합니다)

5. 웨딩드레스는 고가가 않으면 안됩니다.(고가여야 합니다)

6. 우리의 결혼식은 호화롭지 않으면 안됩니다.(호화로워야 합니다)

단어힌트

능률적이다	能率的だ	이상적이다	理想的だ
웨딩드레스	ウェディングドレス	호화롭다	豪華だ
고가다	高価だ		

Unit 099

海外旅行はアフリカよりアメリカのほうがいいと思います。

① 海外旅行はアフリカよりアメリカのほうがいいと思います。
해외여행은 아프리카보다 미국이 좋다고 생각합니다.

② 専門書はB書店よりA書店のほうがいいでしょう。
전문서적은 B서점보다 A서점이 좋겠지요.

③ 花見は上野公園より吉野のほうがいいと思います。
꽃구경은 우에노 공원보다 요시노가 좋다고 생각합니다.

④ 愚かな人は花より団子のほうがいいと言います。
어리석은 사람은 꽃보다 경단이 좋다고 합니다.

⑤ ビールより焼酎のほうがいいという人もかなりいます。
맥주보다 소주가 좋다고 하는 사람도 꽤 있습니다.

⑥ バラよりすみれのほうがいいという人は少ないです。
장미보다 제비꽃이 좋다고 하는 사람은 적습니다.

1) 「명사+より、명사+のほうがいい」는 「~보다 ~(쪽)가 좋다(낫다)」의 의미로서 2개 이상의 사실을 들고, 그 우열을 비교를 나타낸다.

① ~花

- 開花 개화
- 落花 낙화
- 百花 백화
- 造花 조화
- 弔花 조화
- 雪月花 설월화(사계절의 좋은 경치)

다음 문장을 일본어로 바꾸시오.

1. SF 소설을 읽는 것은 겨울보다 여름 (쪽)이 좋습니다.

   ✎ _____

2. 에어컨의 품질은 B사 보다 A사 (쪽)가 좋습니다.

   ✎ _____

3. 겨울 T셔츠는 빨간 색 보다는 검정 색 (쪽)이 좋습니다.

   ✎ _____

4. 주택지의 환경은 도시보다 교외 (쪽)가 좋습니다.

   ✎ _____

5. 차는 안전 면에서 소형보다 대형 (쪽)이 좋습니다.

   ✎ _____

6. 레포트보다 시험 (쪽)이 좋다는 학생도 꽤 있습니다.

   ✎ _____

단어힌트

SF소설	SF小説(しょうせつ)	겨울	冬(ふゆ)
품질	品質(ひんしつ)	교외	郊外(こうがい)
소형	小型(こがた)	대형	大型(おおがた)
레포트	レポート		

Unit 100

近い所はできるだけ歩いたほうがいいです。

100으로 따라하는 **일본어 문형 통달하기**

① 近い所はできるだけ歩いたほうがいいです。
가까운 곳은 가능한 한 걷는 편이 좋습니다.

② 疲れた時は少し休んだほうがいいでしょう。
지쳤을 때는 좀 쉬는 편이 좋겠죠.

③ なるべく早く寝て、早く起きたほうがいいです。
가능한 한 일찍 자고, 일찍 일어나는 편이 좋습니다.

④ よい知らせは家族に一番先に知らせたほうがいいですね。
좋은 소식은 가족에게 가장 먼저 알리는 편이 좋겠지요.

⑤ もし雨が降ったら遠足を止めたほうがいいですね。
만약 비가 내린다면 소풍을 중지하는 편이 좋겠지요.

⑥ 進学の件は両親と相談したほうがいいでしょう。
진학 건은 부모님과 상담하는 편이 좋겠지요.

1) 「동사+たほうがいい」는 「~하는 편(쪽)이 좋다」의 의미로서 조언・충고・제안을 나타낸다. 동사의 과거형이기는 하지만 현재형으로 해석된다.

① ~所(どころ)

- □ 勘所(かんどころ) 급소
- □ 見せ所(みせどころ) 명 장면
- □ 台所(だいどころ) 부엌
- □ 隠し所(かくしどころ) 숨길 곳
- □ 捨て所(すてどころ) 버릴 곳
- □ 居所(いどころ) 거처
- □ 大所(おおどころ) 세력가
- □ 名所(などころ) 명소
- □ 踏まえ所(ふまえどころ) 근거

Q 문형연습

다음 문장을 일본어로 바꾸시오.

1 지금 출발하는 편이 좋다고 생각합니다.

✎ _____

2 경기가 좋지 않을 때 오히려 주식을 사는 편이 좋다고 생각합니다.

✎ _____

3 시험이 끝나면 푹 쉬는 편이 좋겠지요.

✎ _____

4 논문은 선생님과 상담하는 편이 좋겠지요.

✎ _____

5 어린이를 위해서라도 지구를 깨끗하게 지키는 편이 좋겠지요.

✎ _____

6 야채는 백화점보다 슈퍼마켓에서 사는 편이 좋습니다.

✎ _____

단어힌트

| 주식 | 株(かぶ) | 지구 | 地球(ちきゅう) |
| 야채 | 野菜(やさい) | 슈퍼마켓 | スーパー |

Unit 001

1. これは日本語の本です。
2. 今日は火曜日です。
3. おじいさんは社長です。
4. 父は日本人です。
5. 金さんは中学校の先生です。
6. ここは東京です。

Unit 002

1. 私はアメリカ人ではありません。
2. 金さんは医者ではありません。
3. この花はバラではありません。
4. ここは病院ではありません。
5. 妹は大学生ではありません。
6. ジミさんはドイツ人ではありません。

Unit 003

1. アメリカは広いです。
2. 学校の運動場は狭いです。
3. 日本の夏は暑いです。
4. このビールは冷たいです。
5. 私の鉛筆は短いです。
6. 韓国のキムチは辛いです。

Unit 004

1. ソウルの南山は高くありません。
2. 英語の辞書は安くありません。
3. この川は深くありません。
4. おばあさんの健康はよくありません。
5. 自転車は速くありません。
6. 今日は暑くありません。

Unit 005

1. デパートの野菜は高かったです。
2. タクシーより電車が速かったです。
3. 室内より外が暖かかったです。
4. アルプスの雪景色は素晴らしかったです。
5. 妹は顔もかわいかったです。
6. 中学校の時は成績もよかったです。

Unit 006

1. 日本人は親切です。
2. 先生の作品は立派です。
3. 私の妹はきれいです。
4. この公園は静かです。
5. 赤いくつは派手です。
6. 妹は外国語が上手です。

Unit 007

1. 金君は元気ではありません。
2. ロシアは平和ではありません。
3. 交通は不便ではありません。
4. 彼は素直ではありません。
5. この街は賑やかではありません。
6. 李君は真面目ではありません。

Unit 008

1. 私は会社員で、弟は銀行員です。
2. ここは市役所で、あそこは図書館です。
3. 金君は韓国人で、李君は中国人です。
4. これはカメラで、あれは電話です。
5. 今日は土曜日で、明日は日曜日です。
6. 月曜日は13日で、火曜日は14日です。

Unit 009

1. 花子さんはパンを食べて、私はラーメンを食べます。
2. 田中さんは韓国語を勉強して、金さんは日本語を勉強します。
3. 彼は歌を歌って、私はラジオを聞きます。
4. 妹はお菓子を買って、弟はおもちゃを買います。
5. おじさんは新聞を読んで、おばさんは雑誌を読みます。
6. 明日は広島へ行って、あさっては大阪へ行きます。

Unit 010

1. 砂糖は甘いですが、塩は塩辛いです。
2. 私は英語はできますが、日本語はできません。
3. 毎日本は読みますが、新聞は読みません。
4. 父は映画はよく見ますが、テレビは全然見ません。
5. おじいさんは野菜は好きですが、肉はあまり好きではありません。
6. 映画はおもしろいですが、ドラマはつまらないです。

Unit 011

1. 社長は東京へはよく行きますが、九州へは行きません。
2. プールへはよく行きますが、ボウリング場へは行きません。
3. 中国へは年に一度は行きますが、アメリカへは全然行きません。
4. 香港へはよく買い物に行きますが、日本へは行きません。
5. デパートへは毎日行きますが、市場へはほとんど行きません。
6. ソウルへは友だちと一緒に行きますが、大田へは一人で行きます。

Unit 012

1. 学校では勉強しますが、家ではテレビを見ます。
2. 川では釣をしますが、海ではしません。
3. 日本では刺身を食べますが、中国では食べません。
4. 教室では禁煙ですが、廊下では大丈夫です。
5. 日本では運転席が右ですが、韓国では左です。
6. A高校ではフランス語を教えますが、B高校ではドイツ語を教えます。

Unit 013

1. 私は小さくて黒いかさを買いました。
2. 兄は安くて軽いベッドで寝ます。
3. 孫の顔は白くてかわいいです。
4. 母の目は小さくて細いです。
5. 弟は寒くて暗い夜帰って来ました。
6. この小説は短くておもしろいです。

Unit 014

1. かたくてまずいパンを毎日食べます。
2. 今年は大きくて甘いリンゴをたくさん売りました。
3. 日本語の先生は静かで優しいです。
4. 日本の夏は暑くて長いです。
5. このキムチは辛くてすっぱいです。
6. 新しいカメラはうすくて軽いです。

Unit 015

1. この部屋は静かで、きれいです。
2. 木村さんの娘は英語が上手で、立派な女性です。
3. 私の兄はハンサムで、朗らかな人です。
4. 日本人は親切で、真面目です。
5. 部長の家は静かで、安全な所です。
6. イタリア家具は高価で、派手です。

Unit 016

1. 李君は親切で明るい青年です。
2. 朴さんは朗らかで優しい学生です。
3. 下宿は学校から近くて静かな所です。
4. MKタクシーは安くて便利です。
5. 北海道の夏は快適で涼しいです。
6. 友だちの性格は円満で明るいです。

Unit 017

1. 夜遅く電話をかけてもいいですか。
2. 博物館の外では写真を撮ってもいいです。
3. この本を一日借りてもいいですか。
4. 今夕食を食べてもいいです。
5. 窓を閉めてもいいです。
6. ラジオをつけてもいいですか。

Unit 018

1. 支払いは現金でなくてもいいです。
2. 参加者は政治家でなくてもいいです。
3. ホテルは有名な所でなくてもいいです。
4. レポートの提出は今日でなくてもいいです。
5. サインはボールペンでなくてもいいです。
6. 保証人は家族でなくてもいいです。

Unit 019

1. つまらない小説は読まなくてもいいです。
2. 日曜日には仕事をしなくてもいいです。
3. 今は電気をつけなくてもいいです。
4. ここには名前を書かなくてもいいです。
5. 今日までお金を返さなくてもいいです。
6. 食べ物を全部食べなくてもいいです。

Unit 020

1. かばんは大きくなくてもいいです。
2. 部屋は広くなくてもいいです。
3. 主人公の背は高くなくてもいいです。
4. スカートの色は明るくなくてもいいです。
5. 歩く速度は速くなくてもいいです。
6. 事務室の窓は大きくなくてもいいです。

Unit 021

1. 泊る部屋はきれいでなくてもいいです。
2. 腕時計は派手でなくてもいいです。
3. 交通は便利でなくてもいいです。
4. 中国語は上手でなくてもいいです。
5. 色は鮮やかでなくてもいいです。
6. 出発日は同じでなくてもいいです。

Unit 022

1. 会議の時間に遅れてはいけません。
2. 図書館で雑談(おしゃべり)をしてはいけません。
3. 授業の時間に漫画を読んではいけません。
4. ここからは入ってはいけません。
5. 平日に会社を休んではいけません。
6. 明日からお酒を飲んではいけません。

Unit 023

1. 家ではいつも確認をしてドアを開けます。
2. 毎朝、ミルクを飲んで新聞を読みます。
3. ごはんを食べてコーヒーを飲みます。
4. 7時に起きて8時に学校へ行きます。
5. 20世紀が過ぎて、21世紀になります。
6. 午前中には本を読んで、レポートを書きます。

Unit 024

1. これは彼が左手で書いた字です。
2. このお金は今月の給料で、先月より多いです。
3. 今年の夏休みには一人でハワイへ行くつもりです。
4. 隣の家の車はベンツで、とても高いです。
5. 今度の出張は3泊4日で、前より一日増えました。
6. 両親は日本人で、今はイタリアに住んでいます。

Unit 025

1. 父はリンゴの皮をむかないで食べます。
2. ヘルメットをかぶらないでバイクに乗ってはいけません。
3. 朝ご飯を食べないで学校に行く日もあります。
4. 明日は会社に行かないで家で休みます。
5. 階段では走らないでゆっくり下りましょう。
6. 試験勉強はしないで野球をしています。

Unit 026

1. 薬を飲まなくて、風邪がひどくなりました。
2. 弟の成績が上がらなくて、母はいつも心配です。
3. 娘が夜12時になっても帰って来なくて不安です。
4. 日曜日は電車が混まなくて楽です。
5. 社員たちは日曜日にも休まなくて不満です。
6. 子供がごはんを食べなくて母はいつも心配です。

Unit 027

1. 毎日家から公園まで散歩します。
2. 空港から市内までは地下鉄が便利です。
3. この本は初めから終わりまで全部読みました。
4. 釜山から済州島まで船で何時間かかりますか。
5. ビルの1階から3階まではエレベーターが止まりません。
6. 焼き肉は子供から大人までみんな好きです。

Unit 028

1. 本屋からデパートまでの距離はかなり遠いです。
2. 20ページから30ページまでの問題はかなり難しいです。
3. 幼稚園から家までの道を子供一人で通います。
4. 貿易会館から展示場までの道路は広いですか。
5. 春から夏までの天気が一番いいです。
6. 公園から駅までの店は人々でいっぱいです。

Unit 029

1. 先生は今教室で英語を教えています。
2. パンを焼いている人はだれですか。
3. 李君はテレビでサッカー中継を見ています。
4. 母は台所で料理を作っています。
5. 学生たちは今英語の試験を受けています。
6. 先生は学会で発表(を)しています。

Unit 030

1. 公園には美しい花がたくさん咲いています。
2. 崔君は出張でイギリスへ行っています。
3. 今日は朝から空がくもっています。
4. 毎年物価が上がっています。
5. 父は10年前から銀行に勤めています。
6. 今もあの人を愛しています。

Unit 031

1. おばあさんは毎日天気予報を聞いています。
2. 中国語の会話テープを毎日聞いています。
3. あなたは毎日牛乳を飲んでいますか。
4. この猫と2年間も一緒に住んでいます。
5. 先週から本屋でアルバイトをしています。
6. 小学校の時から今まで日記を書いて(付けて)います。

Unit 032

1. 李君は発音が正確で、朴君は不正確です。
2. おじいさんは元気で、おばあさんは病弱です。
3. 観光バスはきれいで、ガイドは親切です。
4. 駅前は賑やかで、本屋は閑散です。
5. 日本の治安は安全で、イラクは不安です。
6. 兄の性格はのんきで、弟の性格は短気です。

Unit 033

1. 年をとると、髪の毛が白くなります。
2. 秋になると、紅葉で山が赤くなります。
3. 雪が溶けると、街が汚くなります。
4. この化粧品を使うと、だれでも美しくなります。
5. 受験生になって勉強が忙しくなりました。
6. 昨日買って来たおもちがかたくなりました。

Unit 034

1. イスラエルも平和になりました。
2. 薬を飲んで鼻づまりが楽になりました。
3. 一生懸命勉強して日本語が上手になりました。
4. 久しぶりに大掃除をして部屋がきれいになりました。
5. 退院後、元気になって本当に安心です。
6. 暑い夏が過ぎて風もそうかいになりました。

Unit 035

1. お見合いをしてから、結婚するつもりです。
2. 復習をしてから、新しい内容を勉強します。
3. あなたは家に帰ってから、何をしますか。
4. 公園で散歩してから、朝ご飯を食べます。
5. テニスをしてから、シャワーを浴びます。
6. 大学を卒業してから大学院に進学します。

Unit 036

1. 切符は買いましたか。いいえ、まだ買っていません。
2. アメリカに電話をかけましたか。いいえ、まだかけていません。
3. 今日の仕事は全部終わりましたか。いいえ、まだ終わっていません。
4. 金君は結婚しましたか。いいえ、まだしていません。
5. ブラウンさんは帰国しましたか。いいえ、まだ帰国していません。
6. 学生たちはみんな帰りましたか。いいえ、まだ教室で勉強しています。

Unit 037

1. 李君は恋人からの手紙を待っています。
2. バナナは外国からの輸入産がほとんどです。
3. 昨日田舎の母からの小包が届きました。
4. 国民からの不満をまず解決します。
5. 5月はいつも日本からの観光客が一番多いです。
6. 国民からの不信を何より心配しています。

Unit 038

1. 初級から中級までの課程を勉強しています。
2. 上野駅から福岡までの切符を買ってください。
3. 1位から10位までの人は全員合格です。
4. 家から銭湯までの距離は約500メトルです。
5. 土曜日の深夜までのアルバイトはとても疲れます。
6. 午後6時までの勤務時間には外出できません。

Unit 039

1. この英語の辞書は字が大きくて読みやすいです。
2. 新しい機械は使いやすいです。
3. 大型洗濯機は大きくて洗濯しやすいです。
4. ラーメンは簡単で作りやすい食べ物です。
5. このおもちゃは誰でも組み立てやすいです。
6. 韓国人に日本語は習いやすい外国語です。

Unit 040

1. あなたの字は小さくて分かりにくいです。
2. 短くて細いペンは書きにくいです。
3. 砂漠では誰でも歩きにくいです。
4. かにはおいしいですが、食べにくい魚です。
5. 水虫はなかなか治りにくいです。
6. 漢字は西洋人には書きにくい文字です。

Unit 041

1. 今日は雨だから運動場での練習は休みます。
2. あなたは未成年者だからこの映画は見ることができません。
3. 明日が締め切りだから、今日夜遅くまで作業します。
4. 9時から授業だから今出発しましょう。
5. 母が10年間ためたお金だから大切に使ってください。
6. 彼は患者だから今も治療を受けています。

Unit 042

1. 太るからチョコレートは食べません。
2. 授業に遅刻するから急いでください。
3. 主人は9時に帰るから、その時また電話してください。
4. 午後から雪が降るから山登りは止めましょう。
5. これから会議があるから一時間ぐらい待ってください。
6. 西洋人は肉をたくさん食べるから太ります。

Unit 043

1. 先生の声は小さいからよく聞こえません。
2. この靴はあなたには大きいからほかの物をはいてみてください。
3. この野菜は古いから買わないほうがいいです。
4. このホテルは高いからすこし安い所へ行きましょう。
5. 今日は涼しいからクーラーはつけないでください。
6. 会社が遠いから朝早く家を出ます。

Unit 044

1. パソコンは便利だから大勢の人が使っています。
2. 明日は暇だから映画でも見に行きましょうか。
3. あなたは英語が上手だからアメリカ人の友だちも多いでしょう。
4. 日本人はとても親切だから心配しないでください。
5. 水泳が下手だから海では泳ぎません。
6. 性格が穏やかだから友だちがたくさんいます。

Unit 045

1. 今日は朝から雨なので、どこにも行きませんでした。
2. 弟は嘘つきなので、誰も信用しません。
3. 朴君は弱虫なので、ホラー映画は見ません。
4. 彼は登山家なので、険しい山もよく登ります。
5. 私は若者なので、夢も大きいです。
6. 彼女は美人なので、どこでも目立ちます。

Unit 046

1. 6年ぶりに大学を卒業するので本当にうれしいです。
2. 風邪をひいたので食欲が全然ありません。
3. 今日は疲れたので、勉強は止めましょう。
4. 両親から返事が届いたので、安心しています。
5. ぐっすり休んだので体の調子がよくなりました。
6. 掃除をしなかったのでほこりがひどいです。

Unit 047

1. 外国での生活は寂しいので友達に手紙をよく書きます。
2. 家の中が明るいので気持もいいです。
3. コートが古いのであまり暖かくないです。
4. 給料が少ないので生活が大変です。
5. 彼女はかわいいので人々に人気があります。
6. 北海道の夏は涼しいのでクーラーは要りません。

Unit 048

1. 朴君のドイツ語は立派なのでみんな驚きました。
2. 図書館は静かなので夜遅くまで勉強します。
3. このきゅうりは新鮮なので昨日より少し高いです。
4. 両親が元気なので何より安心です。
5. 東京は地下鉄が便利なので車は要りません。
6. うどんがすきなので毎日食べます。

Unit 049

1. 日本へ行った時、きれいな街を見てうらやましかったです。
2. シドニのオペラハウスを見た時は、とても感激しました。
3. 初孫が生まれた時は、本当にうれしかったです。
4. 恋人と別れた時は、本当に悲しかったです。
5. そのうわさを聞いた時は、うそだと思いました。
6. 宝くじが当たった時は、うれしかったです。

Unit 050

1. 韓国を離れる前に、行ってみたい所があります。
2. 出かける前に、必ず戸締まりをします。
3. 約束の場所に行く前に、私に電話してください。
4. 本文を読む前に、まず目次を読んでみます。
5. 山に登る前に、天気予報を聞きます。
6. 授業を始める前に、出席を取ります。

Unit 051

1. 授業が終わった後、教室の掃除をします。
2. 大学を卒業した後、会社に就職しました。
3. 食事をした後、ケーキと果物を食べます。
4. コーヒーを飲んだ後、二人で映画を見ます。
5. 宿題が終わったあと、シャワーを浴びます。
6. ピアノを引いた後、英語の勉強をします。

Unit 052

1. 日曜日には映画を見たり、買い物をしたりします。
2. バスの中で歌を歌ったり、ゲームをしたりします。
3. 工場では自動車を作ったり、テレビを作ったりします。
4. 学生たちは毎年アメリカへ行ったり、イギリスへ行ったりします。
5. 休みの日には朝寝坊をしたり、料理をしたりします。
6. 夕方は軽い運動をしたり、音楽を聞いたりします。

Unit 053

1. 昨日は取引先に行ったり来たりして本当に疲れました。
2. 市場にはものを売ったり買ったりする人々でいっぱいです。
3. 授業のない日は朝ご飯を食べたり食べなかったりします。
4. 金君は先から部屋に入ったり出たりして何かを探しています。
5. 今日は雨が降ったり止んだりする不思議な天気です。
6. 子供はノートに自分の名前を書いたり消したりしています。

Unit 054

1. 久しぶりに友だちに会って飲みすぎました。
2. 日本人は働き過ぎだと外国人は言います。
3. 課長は一日にたばこを20本吸います。吸いすぎます。
4. テレビの見すぎで目が悪くなりました。
5. いくらおいしくても食べすぎは体によくないです。
6. 昨日は歩きすぎて今も足が痛いです。

Unit 055

1. コートが古すぎて新しいのを買いました。
2. ソウル大学の数学問題は難しすぎます。
3. 弟の部屋はいつも汚すぎます。
4. バーゲンセールの期間には忙しすぎてお客さんに不親切です。
5. 成田空港から東京市内までは遠すぎて不便です。
6. 今日は忙しすぎてまだ昼御飯も食べていません。

Unit 056

1. 田中君は誰がみても真面目すぎる青年です。
2. 彼女のスタイルは派手すぎてすぐ目立ちます。
3. 今度のテストは簡単すぎてすぐ答えを書きました。
4. この部屋はきれいすぎて気に入ります。
5. このデパートは賑やかすぎて疲れます。
6. 父は頑固すぎて時々困る時もあります。

Unit 057

1. 彼女はいつか有名なデザイナーになるでしょう。
2. この店は日曜日には休むでしょう。
3. 年末にはすべての人が忙しくなるでしょう。
4. 今頃、故郷にはきれいな花が咲いているでしょう。
5. 彼女の恋人はたぶん優しい人でしょう。
6. 韓国人は辛いキムチもよく食べるでしょう。

Unit 058

1. 先生のいる所は、教室かも知れません。
2. 会長は今、出張中かも知れません。
3. お医者さんは今、回診中かも知れません。
4. 空がくもっていますね。午後には雨かも知れません。
5. 彼が犯人かも知れません。証拠があります。
6. 写真の中のこの方が金君のお父さんかも知れません。

Unit 059

1. 来年、ドイツの国際会議で発表するかも知れません。
2. 台風12号は明日関西地方を通るかも知れません。
3. この時間は混んでいるかも知れません。
4. せきがひどいです。風邪をひいたかも知れません。
5. ソウル行きの列車はもう出発したかも知れません。
6. 一週間前の約束だから忘れたかも知れません。

Unit 060

1. 四月だからこの服はすこし厚いかも知れません。
2. 今年の夏は昨年より暑いかも知れません。
3. 残業で帰りが遅いかも知れません。
4. 病気になった時は一層寂しいかも知れません。
5. 韓国のキムチは日本人にはすこし辛いかも知れません。
6. 給料はほかの会社より高いかも知れません。

Unit 061

1. タクシーより地下鉄のほうが便利かも知れません。
2. 彼は先月会社を辞めたから今は暇かも知れません。
3. スポーツに関しては弟が私より熱心かも知れません。
4. 彼女は猫が嫌いかも知れません。
5. 花子さんは特にフランス語が得意かも知れません。
6. 田舎の人が心はもっと豊かかも知れません。

Unit 062

1. この薬は食後30分以内に服用すること。
2. 学校の授業には必ず出席すること。
3. 試験中には静かにすること。
4. 教室ではだれでも日本語で話すこと。
5. お皿はきれいに洗うこと。
6. 定刻12時までは全員集まること。

Unit 063

1. ここでは大声で話さないでください。
2. 事務室ではタバコを吸わないでください。
3. ピアノの上にはものを置かないでください。
4. 解答は鉛筆で書かないでください。
5. 明日の会議の時間に遅れないでください。
6. このことはだれにも言わないでください。

Unit 064

1. 小学校に入学するまでにひらがなを覚えてください。
2. 風邪が治るまでこの薬を服用して(飲んで)ください。
3. お客さんが車から降りるまで待ってください。
4. 娘が結婚するまで退職しないでください。
5. 今週の水曜日まで書類を送ってください。
6. 子供が道を渡るまで待ってください。

Unit 065

1. 試験が終わるまで教室から出ないでください。
2. この小説が完成するまであきらめないでください。
3. 青信号に変わるまで出発しないでください。
4. 検査が終わるまで動かないでください。
5. 離陸するまで席から立たないでください。
6. 着陸するまでシートベルトをはずさないでください。

Unit 066

1. 2年生になってから成績が上がっていきます。
2. きれいな桜の花がだんだん散っていきます。
3. 今九州地方に梅雨前線が通過していきます。
4. これから韓国は経済的にも政治的にも発展していくでしょう。
5. 日本からの観光客が毎年増えていきます。
6. 結婚してからも仕事は続けていくつもりです。

Unit 067

1. 中国語の勉強がだんだんおもしろくなってきます。
2. 海水面が昨日より低くなってきます。
3. 雲の間から月が出てきてます。
4. 赤ちゃんの歯が生えてきます。
5. 車が増えて都市の公害がだんだんひどくなってきます。
6. 昼間の時間が前と比べてずっと短くなってきました。

Unit 068

1. 女性で世界初の大統領になった人。
2. 30代の男性で残業ができる人。
3. 女子大生で歌が上手な人。
4. 会社員で英会話ができる人。
5. パスポート(旅券)を持っている人で海外旅行が初めての人。
6. 視力2.0以上の女性で海外勤務ができる人。

Unit 069

1. タバコを吸う人は肺癌にかかりやすいです。
2. 電車の中で騒いでいる子供は人に迷惑です。
3. 学会で発表する人は手をあげてください。
4. 勉強しないで遊んでいる人はだれですか。
5. 眼鏡をかけて本を読んでいる人が私の先生です。
6. 赤い靴をはいている人が吉田さんですか。

Unit 070

1. 睡眠時間が足りないです。それは遅くまで小説を読むからです。
2. 今日は早く起きました。それは8時から会議があるからです。
3. 田舎に引っ越しする人が増えています。それは都会の空気が悪いからです。
4. 昨日から頭が痛いです。それは風邪をひいたからです。
5. 娘は今泣いています。それは試験の成績がよくないからです。
6. とてもうれしいです。それは大学に合格したからです。

Unit 071

1. 夏休みになって毎日休みなのは気持いいことです。
2. 遠足の日、いい天気なのは本当に幸なことです。
3. サラリーマンの税金が高額なのは不平等なことです。
4. 金君が愛した人が彼女なのは意外なことです。
5. 地震の発生が全国的なのは珍しいことです。
6. 彼女が美人なのは私も認めていることです。

Unit 072

1. 戦争で家族を亡くすのは悲しいことです。
2. 道路で信号を無視するのは危険なことです。
3. 外国語を習うのはその国の文化も一緒に習うことです。
4. 学生たちの成績がだんだん落ちているのは心配なことです。
5. 勉強はしないで夜遅くまで電話するのはよくあることです。
6. 夜遅く食べるのは健康によくないことです。

Unit 073

1. 国の治安が悪いのは不安なことです。
2. 朝が早いのは健康にいいことです。
3. 勉強がおもしろいのは初めてのことです。
4. 冬がこんなに暖かいのは珍しいことです。
5. 中古車が新車より高いのはありえないことです。
6. 会社が家から遠いのは不便なことです。

Unit 074

1. 市場がにぎやかなのは楽しいことです。
2. 交通が便利なのは幸いなことです。
3. 生活が豊かなのは幸せなことです。
4. 政治家が正直なのは珍しいことです。
5. 運転するとき、一番危険なのはスピードの出し過ぎのことです。
6. 私がこんなに幸せなのは久しぶりのことです。

Unit 075

1. 試験の合格の有無を調べてみてください。
2. このCDを一度聞いてみてください。
3. 貴重な資料が入っているから詳しく読んでみてください。
4. 今度は小説を書いてみるのはどうでしょうか。
5. アメリカへ行ってみて、本当にびっくりしました。
6. 世界は広いというのを海外旅行を経験してみて分かりました。

Unit 076

1. 家に帰ってまず宿題を全部やってしまいました。
2. のどが乾いたので水を1リットルも飲んでしまいました。
3. みんな運動場に出てしまって教室にはだれもいません。
4. 冷蔵庫にあるアイスクリムを全部食べてしまいました。
5. 昨夜、弟の日記を読んでしまいました。
6. ドレスが高いけど気に入って買ってしまいました。

Unit 077

1. 授業中に友だちの眼鏡を壊してしまいました。
2. 入社試験に落ちてしまいました。
3. 話に夢中になって降りる駅を過ぎてしまいました。
4. 小説を読んで悲しくて泣いてしまいました。
5. 友だちに会って止めたタバコを吸ってしまいました。
6. 日曜日はお中(腹)を壊してしまって一日中家にいました。

Unit 078

1. 今年は論文を発表しようと思っています。
2. 毎日公園までジョギングしようと思っています。
3. 明日は両親に手紙を書こうと思っています。
4. 今年の10月に彼女と結婚しようと思っています。
5. フランスに行ったらエパールタワーを見物しようと思っています。
6. 夏休みには一週間ぐらい日本に行こうと思っています。

Unit 079

1. 卒業してからは貿易会社に就職するつもりです。
2. 来月からはアルバイトを止めるつもりです。
3. 大学では経済学を勉強するつもりです。
4. 母のお誕生日に手編みのセーターをプレゼントするつもりです。
5. 午後、アメリカ出張について報告するつもりです。
6. 来週の月曜日には出国するつもりです。

Unit 080

1. 卒業するまで帰国しないつもりです。
2. 駅前の食堂には行かないつもりです。
3. これから漫画は読まないつもりです。
4. これ以上銀行からお金を借りないつもりです。
5. 会社を辞めたのは親には言わないつもりです。
6. 海外では現金は使わないつもりです。

Unit 081

1. 父は先生ですが、私は先生になるつもりはありません。
2. 医学を勉強していますが、医者になるつもりはありません。
3. 健康はよくないけど、入院するつもりはありません。
4. お金は必要ですが、働くつもりはありません。
5. ここで1週間も泊るつもりはありません。
6. 付き合っている人はいますが、結婚するつもりはありません。

Unit 082

1. ロッテデパートの定休日は火曜日のはずです。
2. 彼女が買った靴は赤色のはずです。
3. 財布に入っているお金は2万ウォンのはずです。
4. A大学は明日から試験のはずです。
5. 会社の給料日は毎月17日のはずです。
6. 両親は今ごろ食事中のはずです。

Unit 083

1. 1時間後にはソウルに着くはずです。
2. 李君は約束の時間を必ず守るはずです。
3. 父は今ごろ家でテレビを見ているはずです。
4. 彼は春川に泊っているはずです。
5. 午前の面接はすでに終わったはずです。
6. 金君は今年やっと卒業するはずです。

Unit 084

1. 事務室は地下鉄の駅から近いはずです。
2. サイパンは赤道の近くだから暑いはずです。
3. 東京でこのぐらいのマンションは高いはずです。
4. お母さんが作った料理だからおいしいはずです。
5. 久しぶりに親しい友だちに会ったからうれしいはずです。
6. 九州の冬は東京より暖かいはずです。

Unit 085

1. 新製品の使い方は簡単なはずです。
2. 日本の治安は他の国より安全なはずです。
3. 革製品のかばんは丈夫なはずです。
4. 授業が終わった教室は静かなはずです。
5. この魚は産地直送だから新鮮なはずです。
6. 有名な歌手だから衣装も派手なはずです。

Unit 086

1. 大学の卒業後何をするかまだ決めていません。
2. 部長は今会議中ですが、いつ終わるか分かりません。
3. 彼が今どこを旅行しているかハガキを見て分かりました。
4. 誕生日のプレゼントをどう伝えるか考えています。
5. 今日の昼食は何にしようか悩んでいます。
6. 書店に行ってどんな本を買ったらいいか店員に聞きます。

Unit 087

1. 私に似合うヘアスタイルかどうか見てください。
2. 暖かすぎて今が冬かどうか分かりません。
3. このダイアモンドが本物かどうか鑑定してください。
4. トマトが野菜かどうか国によって違います。
5. 彼が本当に政治家かどうか疑わしいです。
6. ここが島の南かどうか地図を見ています。

Unit 088

1. 李さんが映画館に行くかどうかまだ分かりません。
2. 今行ったら電車の時間に間に合うかどうか心配です。
3. まっすぐ行けば駅が出るかどうか聞いてみます。
4. 雨が降るかどうか天気予報を聞いてみましょう。
5. 来月引っ越しするかどうかまだ決めていません。
6. 娘が今年帰国するかどうかまだ分かりません。

Unit 089

1. この答えが正しいかどうか自信はありません。
2. 映画がおもしろいかどうか判断してください。
3. 焼き肉がおいしいかどうか分かりませんが、たくさん食べてください。
4. 私が買う家具が安いかどうかあなたが見てください。
5. オーディオはスピーカの性能がいいかどうかが重要です。
6. 北海道の夏は涼しいかどうか旅行ガイドブックを読んでいます。

Unit 090

1. 海外にいる息子が無事かどうかいつも心配です。
2. 家が快適かどうかは住んでいる人が一番よく分かります。

3. イラク地域が今も危険かどうかニュースを聞いています。
4. ガス器具が安全かどうか毎月チェックしています。
5. 若い女性たちが結婚について肯定的かどうか調べました。
6. 新製品のかばんが丈夫かどうかテストをしています。

Unit 091

1. 「東洋のハワイ」という済州島に行きたくありませんか。
2. 「ミルクソーダ」という新しい飲み物を飲んだことがあります。
3. 「バレンタインデー」というのは何の日で、いつですか。
4. NASAで打ち上げたのは「ひまわり」という宇宙船です。
5. 「リング」という映画を見ましたか。
6. 「建前」という言葉が何の意味か説明してください。

Unit 092

1. 来月カナダから帰国するという連絡がありました。
2. 課長から会議にすこし遅れるという電話がありました。
3. あなたが服用しているというのがこの散薬(=散剤)ですか。
4. 写真のこの男の人があなたの恋人という人ですか。
5. この橋が明日から通行できないというのは本当ですか。
6. 株価が下がっているというニュースを聞きました。

Unit 093

1. この店がほかの店より安いというのはだれでも知っています。
2. アルプスの雪景色が美しいというのは言うまでもないです。
3. 駅前の喫茶店のコーヒーがおいしいというのは本当です。
4. この問題が易しいという人はいませんでした。
5. 数学が難しいという学生が以外と多かったです。
6. 社長が今忙しいというのはみんな知っています。

Unit 094

1. 料理の腕前が相当だというのが本当ですね。
2. 自分はいつも健康だという過信はかえって危ないです。
3. 金君が真面目だというのは先生も知っています。
4. ソウルの地下鉄が危険だというのは政府も知っています。
5. ゴルフが上手だという噂は嘘ではありませんでした。
6. 正直だというのは人生で何より大きな財産です。

Unit 095

1. 韓国の軍隊は男の人でなくてはならないですか。
2. この機械の組み立ては専門家でなくてはならないです。
3. この映画の主人公は美人でなくてはならないです。
4. 結婚の相手は医者でなくてはならないです。
5. この本を読む人は二十歳以上でなくてはならないです。
6. 風邪にはこの薬でなくてはいけないです。

Unit 096

1. この薬は食後に飲まなくてはいけません。
2. 工場では作業服を着なくてはいけません。
3. 寝る時は扇風機を消さなくてはいけません。
4. 質問に答える時は席から立たなくてはいけません。
5. 友だちとの約束は必ず守らなくてはいけません。
6. この駅で2号線に乗り換えなくてはいけません。

Unit 097

1. コンピュータの使い方は分かりやすくなくてはなりません。
2. ビールは冬でも冷たくなくてはなりません。
3. 野球選手は特に足が速くなくてはなりません。
4. 患者が食べる食べ物は柔らかくなくてはなりません。
5. 韓国人にキムチは辛くなくてはなりません。
6. 韓国社会で男は強くなくてはなりません。

Unit 098

1. トイレは特に清潔でなくてはいけません。
2. 会社の仕事は能率的でなくてはいけません。
3. 建物は何よりも安全でなくてはなりません。
4. 刺身は特に新鮮でなくてはなりません。
5. ウェディングドレスは高価でなくてはいけません。
6. 私たちの結婚式は豪華でなくてはいけません。

Unit 099

1. SF小説を読むのは冬より夏のほうがいいです。
2. クーラーの品質はB社よりA社のほうがいいです。
3. 冬のTシャツは赤より黒のほうがいいです。
4. 住宅地の環境は都会より郊外のほうがいいです。
5. 車は安全の面で小型より大型のほうがいいです。
6. レポートより試験のほうがいいという学生もかなりいます。

Unit 100

1. 今出発したほうがいいと思います。
2. 景気がよくない時、かえって株を買ったほうがいいと思います。
3. 試験が終わったらゆっくり休んだほうがいいでしょう。
4. 論文は先生と相談したほうがいいでしょう。
5. 子供のためにも地球をきれいに守ったほうがいいでしょう。
6. 野菜はデパートよりスーパーで買ったほうがいいです。

100으로 따라하는
일본어 문형 통달하기

김 정 미

- 日本 同志社大学 文字研究科 석사·박사 졸업
- 문학박사
- 현 세명대학교 일본어학과 교수

<저서>
- 일본어연구 (불이문화사)
- 일본어문형 통달하기 (현학사)
- 일본어문형 완성하기 (제이앤씨)
- 일본어문형 연구와체계 (제이앤씨)
- 만사형통 비즈니스일본어 (김영사)
- 비즈니스일본어회화 중급 (넥서스)

<역서>
- 일본대표단편선 Ⅰ·Ⅱ·Ⅲ (고려원)
- 후미코의 발 (스토리 하우스)

100으로 따라하는
일본어 문형 통달하기

초판인쇄	2013년 1월 10일
초판발행	2013년 1월 21일
저 자	김 정 미
발 행 인	윤 석 현
발 행 처	제이앤씨
책임편집	최인노
등록번호	제7-220호
우편주소	㉾ 132-702 서울시 도봉구 창동 624-1 북한산 현대홈시티 102-1106
대표전화	02) 992 / 3253
전 송	02) 991 / 1285
홈페이지	http://www.jncbms.co.kr
전자우편	jncbook@hanmail.net

ⓒ 김정미 2013 All rights reserved. Printed in KOREA

ISBN 978-89-5668-927-2 13730   정가 20,000원

* 이 책의 내용을 사전 허가 없이 전재하거나 복제할 경우 법적인 제재를 받게 됨을 알려드립니다.
** 잘못된 책은 구입하신 서점이나 본사에서 교환해 드립니다.